재미있는
저작권
이야기

재미있는 저작권 이야기

• 계승균 지음 •

숲과학

서문

2006년 9월부터 대학에 근무하게 되었고, 지금까지 주로 지적재산권법을 중심으로 연구 활동을 하고 있다. 현재까지 신문, 잡지, 공공기관에서 발행하는 문헌에 저작권을 주제로 약 30여편 이상의 글을 작성하여 기고하였다. 평소 이 글들을 모아서 법 전공자가 아닌 일반인들을 위한 저작권과 관련된 책을 내고 싶었다. 기고한 글의 일부는 책으로 내려고 생각하고 적은 적도 있었다.

그러던 와중에 2023년 4월 4일 국회에서 생성형인공지능(Chat-GPT)과 관련하여 토론회에 참석하였다. 솔과학 김재광 대표님과는 일면식도 없었는데 인사를 나누면서 "책 한 번 안 내보시겠느냐?"고 토론장에서 제안받았고, 그다음 주에 부산으로 계약서를 들고 직접 찾아오셔서 계약서를 작성하고 이 책을 출간하게 되었다. 책 출간을 생각만 하고 있던 중이었는데 돗자리를 펴주어서 부족하지만 용기있게 책을 내게 되었다.

이 책의 내용은 책 제목에서 암시하고 있다시피 독자가 법학을 모른다고 가정하고 내용을 작성한 것이다. 가능하면 표현을 구어체로 쉽게 작성하려고 노력하였다. 그리고 저작권과 관련된 법이론보다는 실제 사례를 중심으로 구성하였고, 이 책을 다 읽고 나면 저작권과 관련된 내용을 어느 정도 파악할 수 있도록 하였다. 창작자나 창작과 관련된 일에 종사하고자 하는 사람들의 권리의식에 관한 글도 있다. 이 책이 조금이나마 창작자와 창작에 종사하고자 하는 분들을 위한 글이었으면 한다. 그리고 창작과 관련된 영역뿐만 아니라 교육, 문화, 방송 등의 분야에서도 저작권을 지키는 우리 사회가 되기를 기대하고, 창작행위가 존중받고 창작자에게 정당한 대가가 주어지는 사회가 되기를 희망한다.

책 출간을 제안해주신 솔과학 김재광 대표님께 감사드리고, 교정과 함께 내용에 대한 의견을 제시해주신 동아대학교 황선영 연구교수님께도 감사의 말씀을 전한다.

2023. 7. 28.

부산 해운대에서 계승균

차례

I
인공지능은 창작자인가?

1. 인공지능의 등장

최근 한국 사회에서 가장 많이 회자되고 있는 말이 '4차산업혁명', '인공지능'이라는 단어일 것이다. 인공지능이 그동안 인간만이 수행할 수 있다고 생각되는 일들을 하고 있어서 인간의 일자리를 빼앗는다고 불안해하기도 한다. 그런데 인공지능은 창작활동도 아주 잘하고 있다. 인공지능의 창작사례는 인터넷을 검색하면 금방 찾을 수 있다. 글도 쓰고, 그림도 그리고 작곡도 하고 있다. 최근에 등장한 생성형 인공지능(ChatGPT)은 왠만한 대학생보다 지적 능력이 더 나은 것 같다. 인공지능의 창작행위는 오로지 인간만이 창작행위를 할 수 있다는 믿음을 여실히 깨고 있다. 인공지능이 행한 창작 결과물은 결코 인간이 행한 것과 비교해보아도 뒤떨어지지 않는다. 오히려 뛰어난 경우가 많다. 그렇다면 그러한 결과물에 대해서 저작권을 인공지능에게도 부여하여야 하는가 하는 의문이 들 수 있다. 이하에서는 인공지능 창작물에 관해서 누가 권리주체가 될 수 있는지에 대해 간략히 이야기하고자 한다.

2. 창작물(저작물)이 되기 위한 조건

창작행위를 한 사람을 창작자라고 하고, 창작자에게 저작권을 부여하고 있다. 이러한 원칙을 '창작자주의'라고 한다. 저작권의 대상은 저작물이다. 우리나라 저작권법 제2조 제1호에서 저작물을 "인간의 사상 또는 감정을 표현한 창작물을 말한다."라고 규정하고 있다. 저작권법에서 규정하고 있는 저작물의 내용을 분해하면 ① '인간', ② 인간의 '사상과 감정', ③ 인간의 사상과 감정을 '표현', ④ 인간의 사상 또는 감정을 표현한 '창작물'이어야 한다.

1) '인간'의 창작

우선, 창작의 주체는 "인간"이라고 법문에서 명시하고 있다. 여기서 규정하고 있는 인간은 우리가 흔히 생각하고 있는 사람 즉, 자연인을 말한다. 자연인에는 어린이인 4살의 모차르트도 포함되고, 청소년인 17살의 멘델스존도 포함된다. 그러나 단순히 창작자의 창작행위를 도와주는 성인인 조수, 조교 등은 여기에서 말하는 인간에 포함되지 않는다. 그런데 추상적이고 가공 개념인 법인은 창작자에 포함되지 않지만, 일정한 경우 권리의 주체는 될 수 있는데 이를 업무상저작물이라고 한다.

2) '사상 또는 감정'의 표현

둘째로, 인간의 '사상 또는 감정'을 표현하여야 한다. 사상과 감정을 표현하였다는 의미는 인간의 정신적 노력 또는 노동이 포함되었다는 것이다. 예를 들어 소설가가 소설을 쓰기 위하여 자료를 모으고, 이를 분석하고, 사건줄거리를 구상하는 것을 소설가가 행하는 정신적 노동이라고 말할 수 있다.

3) 사상 또는 감정의 '표현'

셋째로, 인간의 사상 또는 감정을 '표현'하여야 한다. 저작물로서 성립하기 위해서는 인간의 사상 또는 감정이 표현되어야 한다. 저작권제도가 보호하는 것은 표현이다. 앞의 소설가 예에서 구상한 소설을 발간한 소설책은 표현에 해당된다. 표현되었다는 의미는 어떤 매개체에 고정되어야 하는 것은 아니다. 소설이 반드시 문자로 종이위에 표기되어 있을 필요는 없고, 구두로 표현되어도 되고, 그림으로 표현되어도 된다. 따라서 즉흥곡, 즉흥연설 등도 표현된 것이기 때문에 곧 사라질 운명이라고 하더라도 저작물이 된다.

따라서 표현되지 않은 어떤 아이디어, 컨셉, 원리, 방법, 원칙 등은 보호되지 않는다. 이렇게 구별하는 것을 '아이디어/표현이분법'이라고 말한다. 아이디어는 보호하지 않고, 표현만 보호대상이 된다는 것이다. 그렇다면 왜 아이디어는 저작권법에서 보호하지 않는 것일까? 아이디어를 보호하게 되면 학문의 자유, 사상의 자유 등이 상당히 침해당할 염려가 있고, 사실 입증하기도 힘든 면이 있기 때문이다.

그렇다고 남의 아이디어를 마음대로 가져다 사용해도 된다는 의미는 아니다. 아직 우리나라에서는 남의 아이디어나 작품 내용을 마음대로 가져다 사용하고도 아무런 죄책감을 느끼지 않는 사람도 많다. 구체화된 아이디어나 컨셉 등은 부정경쟁방지법상의 부정경쟁행위나 영업비밀 등에서 보호 대상이 된다. 하지만 입증하여 보호받기에는 대단히 어렵다고 생각된다. 대신에 기술과 관련된 아이디어는 특허제도를 통해서 보호받을 수 있다.

4) '창작'

마지막으로, 인간의 사상 또는 감정의 표현이 '창작적'이어야 한다. "창작이란 무엇인가?"라는 질문에 대답할 수 있으면, 농담이기는 하지만, '노벨문학상 또는 노벨법학상(?)'을 받을 수 있다. 그럼, 창작이라는 무엇인가? 문자 그대로 신의 천지창조처럼 무에서 유를 창조하는 것을 말하는 것인가? 최소한 음악의 모차르트나 미술의 피카소 정도 되어야 하는가? 필자가 보기에는 이 두 예술가는 분명히 창작한 사람이다. 조정래 작가의 '태백산맥'도 비록 우리나라의 역사적 사실을 기초로 했지만 분명한 창작에 해당된다. 기존에 없던 내용을 만들었기 때문이다.

그러나 대부분 예술가나 문학가들은 기존의 작품으로부터 자극을 받거나, 영감을 얻어서, 이를 바탕으로 창작활동을 하고 있는 경우가 대부분이다. 다른 말로 표현하면 학습을 해서 창작활동을 하는 것이다. 필자가 지금 이 글을 작성하는 것도 몇십 년에 걸친 법학학습의 결과라고 말할 수 있다. 어느 날 갑자기 저작권에 관한 내용을 서술하게 되는 것은 아니다.

그렇다면 창작인 여부에 관해서 예술가나 문학가가 말하는 내용과 법규범에서 판단하는 것은 다르다. 아무래도 예술이나 문학의 영역에서 말하는 창작은 법규범에서 말하는 것과는 차원이 훨씬 높다고 생각한다.

하지만, 우리나라의 판결에 따르면, 창작은 남의 것을 베끼지 않으면 되고, 그리고 최소한의 창작성만 있으면 창작물로서 보호된다. 따라서 초등학생이 그린 그림도 창작물로서 보호를 받는다. 이와 달리, 문학계나 예술계에서는 이보다 훨씬 높은 수준의 창작성을 요구하고 있다.

그리고 창작행위는 사실행위이다. 사실행위라는 의미는 예를 들어, 몽유병자가 밤에 일어나 그림을 그렸다는 사실을 모른다고 하더라도 이 몽유병환자에게 저작권이 주어진다는 것이다. 또한, 모짜르트가 4살 때 작곡하더라도 권리가 주어지는 것도 사실행위이기 때문이다(모짜르트가 작곡한 곡은 저작권보호기간이 경과되었다).

더 나아가서 '창작인가, 아닌가?' 하는 것을 누가 판단하여야 하는가? 하는 문제가 있다. 창작에 관한 법률적 분쟁이 발생한 경우에는 최종적으로는 법원에서 판단하겠지만, 개인적으로는 동료나 관련된 전문가 집단에서 판단하는 것이 가장 이상적이고, 건강하다고 생각한다. 재판제도 중에 감정인 제도가 있어서 법관이 창작인지 아닌지를 판단할 경우에 전문가의 의견을 청취하기도 한다.

5) 패러디

창작을 하면서 다른 작품의 가장 중요한 부분을 가져다 사용하는 경우가 있는데, 이를 패러디(parody, παρῳδία)라고 한다. 패러디는 그리스어에서 유래했다고 하는데 'para+ode'의 합성어이다. 즉 다른 사람의 노래를 따라 부른다는 의미이다. 다른 사람 창작물의 가장 중요한 부분을 가져다 사용함에도 불구하고 찬사를 받는 것이 패러디이다. 이에 반하여 다른 사람의 것을 가져다 사용하지만 마치 자신이 창작한 것처럼 하는 것을 표절(剽竊, plagiarism)이라고 부른다. 패러디는 패러디한 작품을 보면 패러디된 작품이 생각이 나지만, 표절은 출처를 뭉개는 것을 말한다.

3. 인공지능은 창작자인가?

앞에서 언급한 창작물이 되기 위한 조건, "인간의 사상 또는 감정을 표현한 창작물"을 충족시켜야 저작권법에서 보호하는 저작물이 된다. 이 중의 어느 하나라도 성립시키지 못한다면 보호대상이 되지 않는다. 그래서 인공지능이 아무리 모차르트보다 더 훌륭한 작곡을 하더라도 보호받을 수 없다는 것을 알 수 있다. 그 이유는 인공지능은 기계 또는 어떠한 시스템이지, 인간이 아니기 때문이다. 한 가지 주의할 점이 있다. 작곡가가 컴퓨터프로그램을 활용하여 작곡하는 경우, 컴퓨터프로그램을 자신의 창작을 돕는 수단으로 사용하는 경우에는 프로그램의 역할은 작곡가의 창작행위 안에 포함된다. 그런데 인공지능이 창작한다고 하는 것은 인간의 어떠한 간섭 없이 창작하는 것을 말한다. 인공지능이 기계학습(machine-learning) 또는 딥러닝(deep-learning)을 통해서 스스로 창작행위를 하는 것을 말한다. 다행히 영화에서 보는 것과 같이 인공지능이 스스로 무엇을 하거나, 창작하거나, 인간행위를 전부 대체하는 행위를 할 정도로 아직까지 발전하지는 않았다.

4. 인공지능 창작물에 관한 권리는 누구에게 귀속되는가?

그럼에도 불구하고 우리가 인공지능의 창작에 관심을 가지는 것은 이미 인공지능의 창작이 일상화되어 가고 있기 때문이다. 일기예보 또는 증권분석 기사는 인공지능기자가 분석하기도 하고, 미술, 음악, 소설 등에서 이미 인공지능이 창작한 것이 언론에 여러 차례 보도가 되고 있다.

그렇다면 여기서 다음과 같은 의문을 가질 수 있다. 인공지능을 제작 조작 데이터 입력 인공지능 소유[1]·이용한 사람이, 인공지능이 창작한 창작물에 관해서 권리를 가질 수 있는 것이 아닌가 하는 의문을 제기할 수 있다. 실제로 이러한 사람들에게 인공지능이 창작한 것에 관한 권리를 부여하자고 주장하는 사람도 있다. 문제는 인공지능 자체는 하나의 시스템에 지나지 않고, 법률적인 평가를 하자면 저작권법의 컴퓨터프로그램에 해당된다. 컴퓨터프로그램 자체인 인공지능과 인공지능이 스스로 학습하여 만들어낸 제작물과는 다르다.

그리고 인공지능 프로그램을 제작한 행위, 인공지능에 데이터 입력 행위 또는 조건 설정 행위, 인공지능 이용행위를 창작물 성립요건인 창작행위라고 말할 수 없다. 그렇다면 현실적으로 인공지능이 제작해 낸 창작물은 저작권법에서 말하는 창작물은 아니고, 민법의 소유물의 대상이 될 수 있거나 누구의 권리에 속하지 않을 수도 있다.

5. 왜 인간만이 창작의 주체가 될 수 있을까?

인간만을 창작의 주체로 여기고 인공지능의 창작물을 인정하지 않으려는 것을 우리는 '법감정'이라고 부른다. 인간과 같은 생물체인 동물에게도 권리를 부여하거나 창작의 주체로 인정하지 않고 있는데, 하물며 기계인 인공지능에게 권리를 인정하여야 하는 점에 대해서 거부감이 있는 것이다. 인간에게 호불호의 감정이 있듯이

기계나 시스템을 권리주체로 수용하기 힘든 것이다.

그리스 시대에 철학자들의 관심사가 우주의 본질에서 인간으로 바뀐 이래로, 르네상스시대의 인본주의사상과 시민혁명을 겪으면서 점점 인간이 우주 만물의 주체가 되고, 나머지는 모두 권리의 객체가 되었다. 우주에서 유일무이하게 권리 주체가 되는 존재는 인간만이라는 사상이 깊게 깔려있고, 이것이 법규범과 법체계에 반영되어 있다[아직도 남녀차별(젠더차별), 흑백차별, 어린이차별, 외국인 차별, 학력이나 사회적 지위에 따른 차별, 경제적 수입에 따른 차별 등이 존재하는 것을 보면 같은 인간이라도 존엄한 인간으로 동일하게 보는가에 대한 의문이 들기도 한다].

그동안 인간만이 지적인 활동, 특히 그중에서도 창작활동을 할 수 있는 유일한 존재라고 생각해 오고 있었는데, 인공지능이 등장하여 그것도 소위 '약한 인공지능'인데도 불구하고 인간의 창작이라고 볼 정도로 또는 인간의 창작보다 더 나은 창작물을 제작하기 때문에 한편에서는 규범적으로 다른 한편에서는 사회적으로 당혹감을 느끼고 있다.

인공지능 제작물을 법률적으로 앞으로 어떻게 취급하여야 할지에 관해서 세계적으로 연구가 진행되고 있다.

Ⅱ
아이디어와 표현

1. 아이디어와 표현 2분법(Idea/Expression dichotomy)

저작권 강의를 할 때에 많은 분들의 질문 중의 하나가 "왜 아이디어를 보호하지 않는가?"이다. 마찬가지로 창작자들의 의문 중의 하나는 "왜 나의 작품구상이나 콘셉트, 아이디어는 보호받지 못하는가?"이다. 반대로 이야기하면 많은 창작자들이 아이디어나 콘셉트 자체를 보호받는다고 오해하는 경향이 많다. 그래서 "어떤 작품이 내 작품의 구상 또는 아이디어를 그대로 베꼈다."라고 주장하는 경우가 있다. 이것은 표절 또는 표절유사 개념과는 다른 내용이다.

다른 나라의 입법이나 또는 역사적으로 살펴보더라도 아이디어를 보호하는 입법은 없었던 것 같다. 저작권 규범의 전통을 가지고 있는 영국, 미국 등에서도 아이디어, 콘셉트, 방법 등은 보호대상이 아니라는 법규범이 존재하였고, 국제조약에서도 아이디어는 보호되지 않는다고 규정한 것도 있다. 이러한 태도는 1899년도에 Augustine Birrell교수가 이야기한 것에 압축적으로 나타나 있다. "영국 서적조합에 의해서도 인정된 바와 같이 아이디어는 공기와 같이 공짜다(Ideas, it has always been admitted, even by the Stationers' Company, are free as air)."

저작물의 성립과 관련해서 저작권법의 영역에서는 아이디어는 보호되지 않고 구체적인 표현만 보호된다. 저작권법상 보호대상에 관한 기본원칙은 아이디어를 보호하는 것이 아니라 오로지 아이디어가 나타나 있는 표현을 보호한다는 의미이다. 이것을 흔히 "아이디어/표현이분법"이라고 부른다. 그러나 아이디어와 표현이 항상 명확하게 구분되는 것은 아니다.

2. 보호대상에서 제외되는 것

1) 필수적 장면 원칙

그렇다면 아이디어가 보호되지 않는다는 의미는 콘셉트 등도 보호되지 않는다는 의미인데, 구체적인 예를 들어보자. 너무 잘 알고 있는 "로미오와 줄리엣"이라는 콘셉트는 "사랑하는 연인 사이에 원수 집안"이라는 콘셉트인데 이는 누구나 사용할 수 있다. 그 배경이 "일제 강점기의 친일파집 딸과 독립군집 아들"이라든지, "삼국시대의 신라 공주 백제 왕자와의 사랑" 등과 같이 누구나 사용할 수 있는 콘셉트이다. 이러한 것을 "필수적 장면의 원칙" 또는 "표준적 삽화의 원칙(scènes à faire)"이라고 한다. 주로 소설이나 희곡 등에 있어 그 작품에 내재되어 있는 보호받지 못하는 아이디어(예컨대, 소설의 주제나 기본적 플롯)가 전형적으로 예정하고 있는 사건이나 배경, 등장인물의 성격타입 등과 같은 요소는 아이디어의 영역에 속하는 것으로 저작권 보호를 받지 못한다. 다만, 극적 저작물의 경우 일정한 소재나 주제 또는 추상적 줄거리에 대하여 표현방법이 매우 다양할 수 있다는 점에서 전형적인 필수장면에 해당하는지 여부를 좁게 해석해야 한다. 예를 하나 들면 1980년대에 인기를 끌었던 '애마부인'[2]이라는 영화의 내용은 그 당시에 중년여인을 소재로 한 이른바 성인용 소설 또는 성인용 영화가 원만하지 않은 가정생활 등을 갈등의 원인으로 제시하고, 말을 상징으로 도입하는 등의 패턴을 취하고 있어서 흔히 볼 수 있는 것이기 때문에 이러한 패턴 내지 진행은 저작권법의 보호영역의 바깥에 있는 것이다.

2) 방법, 원리, 원칙, 학설 등

방법, 원리, 원칙, 학설, 학풍 등도 기본적으로 저작권 보호대상이 아니다. 예를 들어 피카소의 큐비즘이라는 것을 완벽하게 이해하여 큐비즘에 따라 사물을 그리는 것은 피카소의 화풍에 대한 표절이 아닌 것이다. 어쩌면 오히려 칭송을 받을 수 있을지도 모르겠다. 그러나 피카소가 그린 그림, 예를 들어 벨라스케스의 1656년의 '시녀들'이라는 그림을 재해석한 피카소의 '시녀들'을 그대로 모방하면

이는 비난의 대상이 된다.

그리고 원리나 원칙은 보호대상이 아니라는 것을 예를 들어보자. 아이작 뉴턴이 발견한 만유인력은 이미 지구상에 존재하고 있는 물리법칙인 것이다. 이러한 것을 발견하였다고 말하지, 뉴턴이 창작한 내용은 아니다. 따라서 만유인력을 발견한 것, 또는 만유인력과 관련된 학설 자체는 보호되지 않는다. 그런데 뉴턴이 쓴 만유인력과 관련된 내용, '자연철학의 수학적 원리(Philosophiae Naturalis Principia Mathematica)'라는 저작물에는 저작권이 발생하게 된다. 물론 이 책은 1687년도 출간되었기 때문에 저작권은 더 이상 존재하지 않는다. 우리는 여기서 기술이나 공학, 자연과학을 학문적으로 뒷받침하고 있는 것은 저작권제도라는 것을 알 수 있다.

이러한 현상은 방송, 드라마, 광고 등에서 많이 발생한다. 예를 들어, 아빠가 아기를 혼자 돌보는 방송이 인기를 끌자 방송국마다 아빠가 아기를 돌보는 프로그램이 성행하고, 남자가 요리하는 프로그램이 인기를 끌자 남자가 요리하는 프로그램의 제작횟수가 많아진다. 이러한 것을 "방송포맷"이라고 하는데 이것이 단순한 아이디어에 지나지 않는 것인지, 아니면 저작권법의 보호를 받을 수 있는 저작물에 해당되는 것인지 갈림길에 서 있게 된다.

우리나라에서 구체적인 대본이 없이 대략적인 구성안만을 기초로 출연자 등에 의하여 표출되는 상황을 담아 제작되는 이른바 리얼리티 방송 프로그램의 하나인 "짝"이라는 프로그램[3]이 꽤 인기를 끈 것으로 알고 있다. 이렇게 대본 없이 진행되는 리얼리티방송이 보호를 받기 위해서는 그 프로그램을 구성하는 개별 요소들 각각의 창작성 외에도, 이러한 개별 요소들이 일정한 제작 의도나 방침에 따라 선택되고 배열됨에 따라 구체적으로 어우러져 그 프로그램 자체가 다른 프로그램과 구별되는 창작적 개성을 가지고 있어 저작물로서 보호를 받을 정도에 이르렀는지도 고려하여야 한다고 우리 대법원은 기준을 제시하였다. 필자 개인적으로는 이러한 것은 아이디어 영역이라고 생각하고 있지만, 방송업계에서는 특히 한류와 관련하여 예능프로그램들이 중국이나 다른 나라에서 보호를 받아야 한다고 주장하고 있다.

3) 아이디어와 표현의 합체

아이디어와 표현이 함께 나타나는 경우가 있다. 이를 저작권법에서는 합체(merge)이론이라고 부른다. 창작적인 표현이더라도 아이디어가 오직 그 표현방법 이외에는 달리 효과적으로 표현할 방법이 없는 경우에는 그 저작물의 표현은 저작권으로서 보호해서는 안된다는 원칙이다. 예컨대 문법을 설명하기 위한 제한된 표현, 업무의 효율성을 표현하기 위한 서식, 게임의 규칙, 컴퓨터프로그램에서 일정한 기능의 수행에 필요한 모듈, 설계도 등은 모두 아이디어와 표현이 합체된 것으로 판단되면 저작권법의 보호대상이 될 수 없다. 게임과 관련된 내용을 내용을 판시한 판결문[4]의 내용을 옮겨보면 다음과 같다.

"추상적인 게임의 장르, 기본적인 게임의 배경, 게임의 전개방식,

규칙, 게임의 단계변화 등은 게임의 개념·방식·해법·창작도구로서 아이디어에 불과하므로 그러한 아이디어 자체는 저작권법에 의한 보호를 받을 수 없고, 나아가 어떠한 아이디어를 표현하는 데 실질적으로 한 가지 방법만 있거나, 하나 이상의 방법이 가능하다고 하더라도 기술적인 또는 개념적인 제약 때문에 표현 방법에 한계가 있는 경우에는 그러한 표현은 저작권법의 보호대상이 되지 아니하거나 그 제한된 표현을 그대로 모방한 경우에만 실질적으로 유사하다고 할 것이어서 위와 같은 아이디어를 게임화하는 데 있어 필수불가결하거나 공통적 또는 전형적으로 수반되는 표현 등은 저작권법에 의한 보호대상이 될 수 없다."

3. 아이디어를 보호하지 않는다는 의미

1) 입증의 어려움

우선 아이디어나 콘셉트의 보호와 관련해서는 아이디어를 침해당하였다고 주장하는 입장에서는 침해사실과 침해범위에 대한 입증의 어려움이 존재한다. 언제부터, 어디서 시작된 아이디어인지 입증하기는 곤란할 것이다. 특히, 피해자가 입증하여야 하는 우리나라 입증책임원칙에 비추어보면 아이디어나 콘셉트를 침해당하였다는 사실을 입증하기 힘들다고 생각된다.

2) 헌법상 기본권의 보장

아이디어나 콘셉트를 보호하면 다른 한편에서는 우리 헌법이 보장하고 있는 사상의 자유, 학문의 자유, 예술의 자유 등이 억압받을 가능성이 있다. 아이디어나 콘셉트를 보호한다는 명목으로 개인의 사상, 생각, 표현, 학문적 표현 등이 억압당하거나 제한당할 가능성이 높다. 앞서 언급한 대로 입증도 잘 되지 않는 것인데, 이것은 더 나아가서 예술의 자유, 창작의 자유, 창작의 방법, 창작기술 등을 의도하지 않게 한정하거나 간섭하는 등의 부작용이 생길 수 있다.

3) 특허제도

아이디어가 완전히 자유로운 영역에 있는 것은 아니다. 우리나라의 제도 중에서 특허제도가 아이디어를 보호하는 제도라고 말할 수 있다. 예를 들어 "하늘을 나는 택시"라는 아이디어를 기술적으로 구현할 수 있으면 특허제도를 통해서 보호가 된다. 다만, 이러한 생각을 보호받기 위해서는 특허출원절차를 밟아야 한다. 그런데 여기서 말하는 아이디어는 "기술적 사상"으로서 예술이나 문학과 관련된 것은 아니다. 한 가지 조건은 이러한 먼저 출원하여 권리를 확보해 두어야 한다는 점이다.

4. 아이디어 탈취 문제 – 기울어진 운동장

그런데 이 글을 보면서 한 가지 오해를 하면 안 되는 것이 있다. 아이디어는 법적으로 보호를 받지 못하니까 "마음대로" 남의 아이디어를 가져다가 사용해도 된다고 생각하면 안 된다. 실제로 우리나라에서 공모전에서 알게된 타인의 아이디어, 아르바이트 등을 고용해서 아이디어를 내라고 한 뒤에 이를 적당히 변형시켜 마치 자신의 아이디어인 양 작품을 내는 등의 행태가 있었다. 우리가 한류 문화라는 큰 흐름 속에서 문화산업이 급성장하고 세계적으로 찬사를 받고 있지만, 그만큼 그림자도 깊은 것이다. 우리나라가 앞으로 문화적으로 더 성숙하고 높은 수준으로 유지하려고 하면 창작 질서, 창작 윤리를 준수하고 무명작가, 어린 작가 등을 존중하는 사회적, 문화적 분위기가 있어야만 문화강국으로 가는 것이다. 사회 전반적으로 공정하지 못하다는 인식, 즉 운동장이 이미 기울어져 있다는 인상을 특히 문화예술 분야에서 많이 가지게 되는데, 최소한 창작 영역에서는 '갑을관계'라는 용어가 사라져야 한다.

III
In dubio pro auctore

1. 의미

아마도 독자들은 위의 라틴어 문구를 처음 접했을 가능성이 높다. 아직 우리나라에서 저작권이나 지식재산권을 공부하는 사람들에게도 생소하고, 저작권법과 관련된 논문에서도 많이 인용되지 않는 문구다. 이 말은 구조상 "in dubio pro reo(의심스러울 때에는 피고인의 이익으로)"라는 문구와 닮아 있다. '의심스러울 때에는 피고인의 이익으로'라는 원칙은 형사사건에서 판사가 유죄의 확신이 들지 않을 경우, 또는 검사가 제시한 증거 중에서 간접증거에 대한 평가를 할 때 피고인의 범죄행위라고 확신이 들지 않을 경우에 피고인에게 유리하게 해석하라는 원칙이다.

마찬가지로 저작권법에도 이와 유사한 원칙이 있다. 원칙이라는 용어를 사용하였는데 법학에서는 원칙이 중요하다. 왜냐하면 인간은 신과 달리 불완전한 존재이기 때문에, 신의 영역에 속한 심판이나 무엇에 대한 판단을 할 때 여러 가지 원칙을 정해놓고 이에 따라 분쟁을 해결하거나 심판을 진행한다. 여기서 심판에는 재판도 포함되는 개념이다. 창작자와 관련되어 저작권법에는 어떠한 기본적인 원칙이 있는지 알아보고, 창작에 종사하는 사람들이 이 원칙을 잘 이해하고 활용하였으면 좋겠다.

"의심스러울 때는 저작자를 위하여(In dubio pro auctore, Im Zwefel zugunsten des Urhebers, presumption for the author)"라는 일반적인 해석원칙은 저작자를 위한 원칙이라는 것을 쉽게 짐작할 수 있다. 우리 저작권법 제1조 목적조항에서 "이 법은 저작자의 권리를 보호하고"라는 문구를 두고 있는데, 이 말은 저작자의 저작물을 보호한다는 의미가 아니라 저작물을 창작한 저작자의 권리를 보호한다는 취지이다. 그러므로 우리 저작권법은 인적관련성을 분명히 나타내고 있다고 할 수 있다. 저작권법은 저작자의 인격이 용해되어 나타난 저작물을 보호하는 것이 아니라 오히려 저작권법 제1조에서 선언하고 있는 것처럼 저작자를 보호하려고 하는 것이다. 따라서 저작권의 공공적 성격을 지나치게 강조하려는 견해는 옳지 않다. 저작자를 보호하는 의미는 그 가치결정에 있어서 "저작자를 위하는" 것이어야 하고, 이는 저작권법의 해석과 적용에 있어서 출발점이 되어야 한다.

"의심스러울 때는 저작자를 위하여"라는 원칙은 두 가지 의미를 가지고 있다. 우선, 특정 정신적 제작물이 저작권법상 보호를 받을 수 있는 저작물인가 아닌가 하는 판단을 할 때에 고려되는 것이다. 이것을 '작은 동전론(kleine Münze)'이라고 한다. 그리고 두 번째는 소위 목적양도론(Zweckübertragungstheorie)이라는 것인데 저작자와 이용자 사이의 저작물이용허락계약해석에 있어서 저작자를 위한 것으로 해석하는 것이다. 이 원칙은 독일 저작권법에서 온 것인데 우리에게도 시사점이 있고 개인적으로는 받아들여야 되는 원칙이라고 생각한다. 이하에서는 이 두 내용에 관해서 간략히 설명하고자 한다.

2. 작은 동전론

'작은 동전론'의 개념은 독일의 법학박사 알렉산더 엘스터(Alexander Elster)가 1921년 그의 책 『영업상 권리보호(Gewerblicher Rechtsschutz)』에서 처음으로 사용했다. 엘스터는 여기에서 "창작된 것이라면 그것이 큰 동전이든, 작은 동전이든 저작권의 보호대상으로서 동일한 가치를 가진다."라고 기술하였다. 예를 들어 설명하면, 음악에서 모차르트나 베토벤(물론 이 두 사람은 저작물 보호기간인 '사망 후 70년'이 지나 이미 저작권이 없지만) 혹은 이에 버금가는 작곡가가 작업한 아주 훌륭하다고 평가받는 교향곡과 시중에서 대중이 쉽게 연주하는 유행가, 그리고 어린이들이 부르는 간단한 음조의 동요 등은 저작권으로 보호하는 수준이 동일하다는 것이다.

작은 동전론은 괴테와 같은 위대한 작가가 쓴 저작물이나 대중이 기억하지도 못하는 이름 없는 작가가 쓴 저작물은 그 보호 가치에 있어서는 동일하다는 의미이다. 이는 실로 큰 의미를 가진다. 무명 작가나 어린 작가의 창작물은 마치 보호하지 않아도 된다는 생각을 많이 하는 경향이 있다. 이러한 생각은 예나 지금이나 크게 달라지지 않았다고 생각된다.

특히 현대 사회에서 인터넷이 발달함에 따라 온라인에서 자신의 저작물을 창작할 수 있는 기회가 많아졌으며, 어린 아이들과 같은 '직업적이거나 전문적인 작가가 아닌 사람들'도 많이 창작활동에 종사하고 있다. 따라서 작은 동전론은 더욱더 창작의 영역에서 권리보호와 관련하여 창작자를 보호하는 이론이라고 말할 수 있다.

일상적인 관점에서 살펴보자면, 저작물은 유명한 작곡가가 만든 곡보다 유행가 작곡가들이 간단히 만든 곡들이 더 많을 것이고, 세계적인 문학가들의 심오한 가치와 철학을 담은 소설보다는 매일 간단히 쓰인 소설들이 더 많을 것이다. 이 경우 '심오한 내용을 가진 소수의 저작물만 저작권으로 보호할 가치가 있고 대중적인 저작물들은 보호할 가치나 의미가 없다'고 하는 것은 문화발전이라는 측면에서 보더라도 수용할 수 없는 것이며, 문화 창작자들의 근로기준법이라고 할 수 있는 저작권법이 예정하고 있는 이상이나 설계도 아니다.

하지만 현실적으로는 소수의 창작물만이 위대한 예술품이며, 그 외의 많은 창작물들은 작은 동전에 해당하는 저작물로 인식된다.

따라서 "작은 동전"으로 표현되는 이러한 저작물들은 비록 개인적이고 정신적인 창작물이라고 할지라도 최소한의 개별성이 충분히 포함되어 있다. 최근에는 문화적으로 의미가 있으면서 창작자의 개인성이 각인된 저작물과 일시적이기는 하지만 객관적으로 독창성이 있는 대량의 일상품 사이에서 어디까지 저작권법으로 보호할 것인가를 결정하는 것에 대한 논의가 이루어지고 있다.

3. 목적양도론(양도목적론)

이 말의 의미를 이해하기 위해서는 약간의 법률지식이 필요하다. 계약으로 체결한 내용이 다소 불분명하더라도 계약의 목적, 거래관행 등을 합리적, 객관적으로 해석하여 사회를 운영하고자 하는 것이 민법적인 계약해석원칙이다. 예를 들면 갑이 식당에 들어가서 아무 말도 하지 않고 있는데 주인 을이 임의로 '우동'을 주었고, 갑은 아무 소리 하지 않고 우동을 먹고 '대가'를 지불하고 나왔을 경우에 갑과 을 사이에는 계약이 성립되었다고 보는 것이다. 그런데 다음에 갔을 경우에는 을이 '자장면'을 주었는데 그 때도 갑이 아무 소리 하지 않고 먹고 나오면서 을에게 대가를 지불하였다면, 을은 "갑은 '먹을 것'을 먹으려고 온다."라고 생각할 수 있으며, 이렇게 해석하는 것이 자연스럽고 합리적이라고 보는 것이다. 따라서 다음에 갑이 왔을 때 을이 '밀면'을 주었는데, 무엇인가 '먹을 것'인데도 불구하고 갑이 먹지 않고 이의를 제기하는 것은 갑과 을의 그 동안의 거래 관행이나 계약 의사, 계약 목적 등에 비추어 보아 갑의 "계약의 목적에 달성하지 아니함"과 같은 주장은 허용되지 않는 것이라고 생각된다. 이에 관해서는 우리나라 대법원에서도 그렇게 보고 있다. 위의 사례에 이러한 생각을 대입해보면 무엇이든 '먹을 것'이면 충분하므로 계약의 목적 달성된 것이라고 생각하는 것이다. 구체적으로 우동인지, 자장면인지 등은 중요하지 않다.

그런데 저작권법에서는 저작물이용허락이나 저작권 양도계약 등에 있어서 이렇게 해석하는 것을 지양한다. 특히 저작물이용허락과 관련해서는 더욱 엄격하게 해석하고자 한다.

저작권법에 적용되는 목적양도론은 계약 당사자의 일치된 의사 합치에 따라 허락된 계약목적의 범위에 관한 것이다. 당사자 의사의 범위가 불분명하거나 의심스러울 경우에는 저작자는 계약의 목적을 달성하기 위하여 필요한 권리이상을 수여하지 않았을 것이라고 추정한다. 예를 들면 어떤 작가가 출판사에 책의 출판을 맡겼을 경우에 출판사는 자기 마음대로 출판할 수 있는 것이 아니라 문고판으로 출판하기로 약정하였다면 문고판으로만 출판하여야 한다는 것이다. 다른 형태, 교과서로나 양장판, 크라운판 등으로 출판하려고 한다면 다시 저자와 별도의 출판 계약을 맺으라는 의미이다. 전시나 공연도 마찬가지다. 예를 들어 72mm로 영화 상영을 허락한 경우에, 다른 형태로 영화를 상영함을 금지하는 것이다.

혹자는 이렇게 생각할 수도 있다. "저자의 허락이 없더라도 많이 읽어주고 많이 홍보해주면 오히려 저자에게 도움이 되는 것이 아니냐?"면서 자신의 불법을 정당화하려는 경향이 많다. 이 생각이 정당화된다면 아마도 어린 작가, 무명작가, 소위 '사회적 약자'인 작가들은 아무 소리도 못 하고 자본가나 제작자 또는 힘 있는 선배 등에 의하여 자신의 의사와 관계없이 자신의 창작물이 이용되더라도 항의조차 할 수 없게 된다.

이러한 현상들은 지금도 세계 도처에 존재하고 있겠지만 옛날의 독일, 서양의 문화권에서도 성행하였을 것이고, 이에 대한 대응책으로 '의심스러울 때에는 저작자를 위하자'라는 생각이 들었고 이러한 생각을 구현할 방법을 찾게 되었을 것이다. 표현을 가볍게 하느라 '생각'이라는 단어를 사용하였지만, 아마도 이러한 현상들에 대하여 그간 무명작가, 어린 작가 등은 절망감, 회의감, 예술에 대한 부정적인 시각과 더불어 사회현상에 대한 저항 등이 있었을 것이다. 그리고 그것이 결국 입법이나 법원칙에 반영된 것이다.

이에 상응하듯 독일저작권법 제31조 제5항에서 이용방법이 개별적으로 특정되지 않았다면 의도된 목적에 맞게 이용권의 범위를 정한다고 규정하고 있다. 그러나 현재의 원칙은 이러한 법문을 넘어서서 저작자가 자신의 저작권에 관해서 계약 시에 의심스러울 때는 이용계약의 목적이 요구하는 것보다 더 이상의 권리를 허락하지 않는다는 것으로 공식화하고 있다. 이러한 해석론은 저작권의 목적론적인 해석방법을 사물의 본질에 따라 적용한 것이다. 목적론적인 방법에 따르면 개별 계약에 있어 저작물이용허락이 있었는지 여부,

이용허락 내용, 공간, 시간 등에 대해서 제한되었는지 여부는 명백한 문구가 있을 경우 확정된다는 것이다.

조금 더 부연 설명을 하고자 한다. 독일에서의 입법 연원을 살펴보면 다음과 같다. 1965년 독일저작권법을 제정에 가까운 개정을 할 때 제31조 제5항을 삽입하였지만 이 조항의 내용은 이미 1901년 6월 1일에 입법된 문학, 음악저작물에 관한 저작권과 관련된 법률[LUG, Gesetz betreffend das Urheberrecht an Werken der Literatur und der Tonkunst vom 19. Juni 1901(RGBl. S. 227)] 제14조에서 유래한다. 제31조 제5항의 의미는 1900년 12월 8일의 LUG 법률초안에서 "저작권의 양도시 '의심스러울 때는' 번역, 각본 등을 행할 수 있는 배타적 권리는 저작자에게 남아 있어야 한다."라고 설명하고 있다. 그 이후에 이어지는 독일의 입법과정에서 제안된 내용을 살펴보면, '의심스러울 때'의 의미는 '명시적으로 다른 것을 합의하지 않은 것'이라는 문구로 대체할 수 있다고 한다. 그 이유는 창작 활동을 시작한 저작자들이 자신들의 활동 범위가 알려지지 않았음에도 불구하고 저작권을 과도하게 양도하는 것을 방지하기 위한 것이다. 즉 저작자로서 활동을 막 시작한 사람, 유명하지 않은 저작자들을 보호하기 위한 해석원칙이라고 할 수 있다. 이러한 설명은 현행 독일저작권법 제31조 제5항의 입법목적이나 공식과 일치한다. 1965년 독일저작권법을 개정하면서 독일의회 법사위원회의 보고서에는 제31조 제5항을 다음과 같이 설명하고 있다.

"위원회는 제31조에 특정되지 않은 권리의 이용허락범위는 추구된 목적을 표준으로 삼아야 한다는 규정을 보충하도록 제안한다. 이 규정은 이미 판례에 의해 현행법에 대한 해석원칙으로 발전된 목적양도론과 상응한다. 이 규정은 강제권리규범으로써 이용권을 특정하여 허락하지 않았거나, 충분히 특정하지 않은 경우에 해석원칙을 제시한다."

그리고 이러한 해석원칙은 창작 당시에는 알려지지 않은 매개체의 등장과도 연계성을 가지고 있다는 점을 명심할 필요가 있다. 예를 들어 테이프만 있던 시절에 이용허락을 하였지만, 나중에 CD가 등장하였을 경우이다. 이 경우에도 이 원칙을 관철한다면 따로 다시 CD발행 계약을 맺어야 한다.

앞서 언급한 두 원칙은 창작자를 위한 해석원칙이라고 말할 수 있다. 특히, 이 원칙은 무명작가, 어린 작가를 염두에 두고 있다는 점이 실질적 의미가 있다는 점을 강조하고 싶다. 그리고 독일의 경우에는 창작자가 저작권을 양도하지 못하도록 하고 있고, 포기도 못 하도록 하고 있다.

IV
표절과 구별하여야 할 개념

1. 창작과 표절

창작자 "창작이 무엇인가?"라는 질문에 답하는 것과 "표절이 무엇인가?"라는 질문에 답하는 것은 거의 동일선상에 있다고 생각된다. 창작과 표절은 동전의 앞뒤와 같다. 그리고 창작자가 가장 주의하여야 할 점도 표절시비라고 생각된다. 표절시비가 생기면 일단 진위여부를 떠나서 창작자로서 명예에 심각한 손상을 입히기도 한다. 이하에서는 표절이라는 개념과 그 유사개념에 관해서 간략히 설명하고자 한다. 이 글은 표절의 기준에 대해서 설명하는 것은 아니라는 점을 유의할 필요는 있다.

2. 표절(剽竊, Plagiarius, plagiarism, Plagiat)

표절이란 개념은 법률 또는 법전에 규정되어 있는 개념은 아니다. 우리나라 법률의 어디에도 규정되어 있지 않다. 특히, 저작권법에도 규정되어 있지 않은 개념이다. 학문, 문학, 예술 등 창작의 세계에서 사용하여 오던 용어로서, 윤리적 비난 개념이다. 그럼에도 불구하고 법학의 영역에서 광범위하게 사용되고 있고, 특히 지식재산권법의 분야, 특히 저작권과 관련된 법학의 영역에서 지속적으로 논의가 이루어지고 있다. 그 동안 우리 판결문에서는 표절이라는 용어는 도작(盜作), 도용(盜用), 한글로는 베끼기라는 용어로 사용되기도 하나 이러한 용어들 역시 법률상 또는 저작권법상의 근거를 가지고 있지는 않았다.

표절은 창작과 관련되어 타인의 작품내용이나 구상 등을 훔친 행위를 비난하는 것을 관습적으로 사용한 표현에 지나지 않는다. 표절이라는 한자어에서도 알 수 있듯이 절취행위와 연관되어 있다. 표절이라는 개념에는 타인의 정신적 재화를 자신이 한 것처럼 하는 것(der Aneignung fremden Geistesguts)에 대한 비난이 내재되어 있다. 따라서 학문적 절도행위라고 부르기도 한다. 한자표기인 剽竊(훔칠 표, 훔칠 절)로서 모두 타인의 학문적 성과 내지 창작성과를 도적질하는 것을 의미하고 있다.

그런데 표절(plagiarius)이라는 용어는 로마시대의 시인이었던 Martial(A.D. 40-103)이, 지금의 관점에서 보면, 저작권침해를 당한 것에 대한 조롱, 역정 내지 분노에서 유래하고 있다. 자신의 동료였던 Fidentinus가 Martial의 허락 없이 Martial이 창작한 시를 강연하고 Fidentinus의 이름으로 공표해버렸기 때문이다. Martial은 자신의 시를 자신이 해방시켜 자유를 부여한 자신의 노예 또는 자녀들과 비교하였다. 그리고 Martial은 자기의 시를 함부로 낭독한 Fidentinus를 절도범 또는 인간강도, 납치범으로 묘사하였다.

그리고 1741년 Zedlerschen 사전에서는 표절을 "배운 자들 가운데서 다른 사람의 것을 베끼고 자신이 마치 노력한 것처럼 표시하고, 그러나 이것과 함께 자신이 끌어다 사용하였던 소식과 예술과 관련된 정당한 저자를 언급하지 않는 것을 배운 도둑이라고 부른다."라고 정의하였다.[5]

또한, 헤겔의 법철학 책에서도 표절에 대해서 "표절은 명예의 문제(eine Sache der Ehre)이어야 하며 명예에 의하여 억제되어야 한다. 복제금지법은 저자와 출판사의 소유권을 법률적으로 보장하는 목적을 달성하고 있기는 하지만, 특정한 범위 내에서 매우 제한된 범위 내에서이다."라고 언급하고 있다.

3. 표절의 유사개념

표절의 유사개념 또는 대비되는 개념에 대해서 이하에서 설명하고자 한다. 표절이나 표절의 유사개념 들은 기본적으로 연구윤리부 정행위와 연관성을 가지고 있음을 의미한다. 따라서 대학사회나 연구활동에 종사하는 사람들에게는 주의할 요소들이다.

1) 자기표절(selbstplagiat, self-plagiarism)

자기표절은 저작자가 전에 창작한 저작물을 후의 창작물에 이용하는 것을 말한다. 원칙적으로 자신의 이전 저작물을 후의 저작물에 이용하는 것은 당연히 허용되는 것임에도 불구하고, 자기표절이라고 하는 표현은 표절이라고 하는 도덕적 비난과 결합되어 있다. 저작자는 계약을 통하여 다른 사람에게 이용을 허락함으로써 자기 스스로는 자신의 저작물을 이용하지 않아야 할 의무가 있지만, 후에 이전 저작물을 이용한다면 이는 타인의 이용권을 침해하게 된다. 이는 저작물이용과 관련된 계약문제이지, 자신의 저작물을 다시 번역할 수 있거나 개작하는 문제와 다른 것이다.

자기표절이라는 용어 자체가 형용모순(contradictio in adjecto, Widerspruch in sich, contradiction in terms)이라고도 할 수 있다. 표절은 타인의 저작물을 함부로 이용하면서 마치 자신이 한 것처럼 하는 비난요소를 중심으로 하는 개념이기 때문에, 자기의 것을 함부로 이용하는 것에 대해서는 비난하기가 힘들기 때문이다. 특히 자기표절은 조각예술 분야에서 광범위하게 이루어지고 있다.

학술적인 논문에서도 자신의 선행연구를 밝히지 않음으로써 연구성과 기망, 후행 연구업적 과장, 후행 저술에 대한 검증기회 상실,

후행 저술이 학문적 기여도가 없는 경우에 독자들의 기대에 실망감 부여 등을 언급하면서 자기표절의 학문적 해악성 내지 부정적인 효과들이 언급하고 있다. 자기표절은 학문의 세계에서, 특히 대학사회에서 "publish or perish"라는 말과 연관성을 일면 가지고 있다. 이 말은 논문을 쓰든지 아니면 대학을 떠나든지 하는 의미로 받아들여지고 있다. 즉 논문의 질적인 면보다도 양적인 면을 강조하는 듯한 인상이 들기도 하고 연구활동에 대한 압박감을 표현하는 의미이기도 하다.

자기표절과 관련하여 우선, 저작물을 다양한 형태로 출판한다면 저작자는 우선, 채권법상의 절제의무(Enthaltungspflicht)를 침해했고, 두 번째로는 자기표절을 한 저작물을 출판한 첫번째 출판사의 복제권과 배포권을 침해하였다고 판단되는 경우도 있을 수 있다. 그렇지만 저작자가 자신의 저작물의 반복적인 이용을 관련자들에게 예를 들어 출판사 또는 독자에게 분명하게 밝힌다면, 이러한 자기표절은 저작권법상 주저할 일은 아니지만, 그럼에도 불구하고 일정한 모독감 내지 불쾌감은 여전히 남는다고 할 수도 있다. 그만큼 학문의 세계나 창작의 세계에서 자기 작품이라도 함부로 다시 사용하지 말라는 것이다.

2) 무의식적 전용(unbewußte Entlehnung), 무의식적 표절

표절이 타인의 저작물을 의도적으로 자기 것인양 하는 주관적 표지를 요건으로 하는 것에 대하여 무의식적 전용이라는 것은 이러한 주관적 표지가 없다는 점에서 표절과 구별된다. 그러나 표절의 객관적인 표지들, 예컨대 타인의 저작물을 그대로 전재한다든지, 다른 형태로 변경시킨다든지 하는 것은 존재하여야 한다. 예컨대 작곡자가 이전에 들었던 곡을 잊어버리고 나중에 작곡을 하면서 자신이 창작한 것이라고 생각하는 경우이다. 문헌에 따르면 이러한 경우를 무의식적인 표절이라고 지칭하면서 비난의 강도가 낮아진다고 한다. 이를 태만에 따른 과실(sin of neglect)이라고 부르고 있다. 표절자의 변명 중 하나가 되기도 한다.

3) 역표절(reverse plagiarism)

저자가 주장한 바를 근거있게 하거나 더욱 신뢰성을 부여하기 위하여 유명인 내지 권위있는 자가 주장한 것처럼 하여 발표하는 것을 역표절이라고 한다. 즉 자신의 저작물을 타인의 저작물, 특히 권위 있는 자의 저작물인양 하는 것이다. 이러한 경우 이름을 도용당한 자는 자신의 저작물이 아니기 때문에 저작권침해는 아니지만, 그 행위 양상은 역전된 표절의 한 유형이라는 것이다.

4) 우연히 동일한 저작물(Doppelschöpfungen)

저작권은 특허권과는 달리 각각의 저작물이 독립된 보호를 받기 때문에 우연히 동일한 저작물이 창작되었다고 하더라도 각자의 저작권이 성립한다. 우연히 동일한 저작물에 관해서 독일의 유명한 Schricker교수는 '하얀 까마귀'라고 비유하여 설명하고 있다. Schricker교수는 우연히 창작되었지만 동일하게 창작된 저작물은 실제로 인간이 거의 잡을 수 없는 하얀 까마귀, 즉 진귀한 것(ein weißer Rabe)이라고 하면서, 이 하얀 까마귀는 이론적인 박물표본실에서 희귀한 새로서 중요한 위치를 차지하고 있는데, 그 이유는 특허법과는 달리 저작권법은 주관적으로 새로운 것이면 충분하기 때문이며, 저작권법에는 차단효가 없다는 것을 이 희귀한 새는 보여준다고 비유하고 있다. 왜냐하면 독일 판례에 따르면 새로운 것이란 객관적 관점이 아니라, 단지 주관적인 관점에서 요구되는 것이기 때문이다. 그런데 두 개의 창작물이 완전히 동일하게 창작되었다는 것은 있을 수 없다는 것이 독일판례의 태도이다. 따라서 완벽한 동일성은 표절의 추정을 가능하게 하는 것이다. 그러므로 동일한 창작물이거나, 거의 유사한 창작물인 경우에는 시간적으로 후에 창작한 창작자가 자신은 앞의 창작물에 관해서 알지 못했다는 점을 입증하거나, 또는 앞의 저작물이 저작권보호가 되지 않는 저작물이라는 점, 즉 자유롭게 이용할 수 있는 저작물이라는 점을 입증하여야 한다고 했다. 그런데 우리나라의 판결은 다소 다른 점이 보인다. 예전의 판결[6]이기는 하지만 저작행위가 원고의 저작권을 침해하였음을 입증하기 위하여서는, 원고의 저작이 피고의 저작보다 먼저 저작된 것으로서 피고등이 원고의 저작물을 접할 만한 상당한 기회를 가졌을 것(이른바 액세스, access)과 실질적 유사성을 입증하거나, 두 저작물 사이의 유사성이 우연의 일치나 공통의 소재

등으로 설명하기 어렵고 오로지 피고의 저작물이 원고의 저작물에 의거하였다고 하지 아니하면 설명될 수 없을 정도로 현저한 유사성이 있다는 점을 입증하여야 하며, 아니면 양 저작물 사이에 공통의 오류가 있다는 점을 입증하여야 한다고 판결한 예가 있기는 하다.

실무상 음악저작물, 특히 유행가나 춤곡과 같은 작은 동전(kleine Münze)에 해당되는 창작물에서 이러한 문제가 자주 발생할 것이다.

5) 인용(quotation, citation, Zitate)과 출처의 명시

우리 저작권법 제28조에서는 저작재산권 제한의 한 유형으로서 '공표된 저작물의 인용'이라는 표제로 "공표된 저작물은 보도·비평·교육·연구 등을 위해서 정당한 범위 안에서 공정한 관행에 합치되게 이를 인용할 수 있다."라고 규정하고 있다. 그리고 제37조에서는 '출처의 명시'라는 표제로 제1항에서는 출처명시의무와 제2항에서는 출처명시 방법을 규정하고 있다. 특히 표절과 관련하여 인용과 출처의 명시가 문제되고 있다. 문헌에 따라서는 저작권법 제37조가 저작권침해와 표절의 연결고리라고 파악하는 견해도 있다. 그리고 우리 저작권법 제138조 제2호에 따르면 출처명시의무를 지키지 아니한 자는 500만원 이하의 벌금에 처하도록 하는 형사처벌 조항도 있다. 출처명시의무위반의 경우에는 친고죄에 해당된다(제140조). 개인적으로 이 형사처벌조항은 과잉입법, 형벌권의 남용이라고 생각한다.

개인적으로 인용과 출처의 명시는 문화수요자, 저작물이용자의

권리와 의무 관계로 파악해도 된다고 생각된다. 즉 인용은 문화수
요자나 저작물이용자가 문화의 성과물을 이용할 수 있는 권리임에
반하여 이를 이용하고자 하는 권리에 대응되는 의무로서 저작물이
용을 할 경우, 출처를 명시하되 저작물의 이용 상황에 따라 합리적
이라고 인정되는 방법으로 하도록 하고 있다(저작권법 제37조). 우리
저작권법 규정에서 저작물을 이용하는 자의 권리의무 호응관계가
가장 뚜렷하게 나타나 있다고 말할 수 있다. 표절행위는 이 호응관
계에서 빗겨난 행위를 할 경우에 성립된다. 공정한 타인의 저작물
의 인용과 출처명시의무라는 저작권법상의 한계 내지 원칙을 어겼
을 경우에 표절이 성립된다.

6) 위작(fake, counterfeit, Kunstfälschung)과
    변조(Kunstwerkverfälschung)

위작(僞作, Kunstfälschung)이라고 하는 것은 어떤 저작물을, 특
히 미술저작물을 자신이 창작하지 않았음에도 자신이 창작한 것으
로 표시하는 것을 말한다. 따라서 저작물의 실제 저작자는 기명한
자의 뒤에 숨어버리고, 자신은 저작자로서 전면에 나서지 않는 것
이다. 따라서 위작은 익명(匿名)저작물이 되는 것이다. 또한, 위작의
저작자가 자신의 이름이 아닌 타인의 이름을 사용함으로써 가명(假
名)의 저작물이라고도 말할 수 있다. 위작은 저작자의 동일성에 관
한 기망이 본질적 요소라고 말할 수 있다.

위작과 구별되어야 하는 개념으로서 예술품변조(藝術品變造,

Kunstwerkverfälschung)라는 것이 있다. 예술품변조라는 개념의 기초사실에는 특정 예술가가 창작하여 자신의 이름을 기명한 구체적인 저작물이 존재하는 것을 전제로 한다. 따라서 타인이 원저작자의 저작물의 실체나 주변적인 것을 변형시킨 경우에는 창작물을 변조한 것이다. 예를 들어 나체로 그려진 벽화에 옷을 입히는 형태의 덧칠은 예술품 변조에 해당된다.

7) 아류모방(Epigone, epigone)

아류모방이라는 개념 역시 법률적인 개념은 아니며, 예술계에서 사용하는 개념이다. 아류모방자는 창작자라고 말할 수 없고, 의미 없는 모방자에 지나지 않는다. 선행 작가의 작품 중에서 중요하고 의미 있는 것을 자신의 아이디어나 창작성이 없이 모방이 본질적인 모습이며, 원작성(Original)이 없는 것에 자신의 이름으로 제작하거나 공표하는 자를 말한다. 전형적인 표절에 해당된다.

8) 불법복제 (Piracy, Piraterie)

불법복제는 일상적인 저작권침해의 한 유형으로서 예컨대 비디오나 음반, 컴퓨터프로그램과 같은 것을 저작자의 허락 없이 유형물의 형태로 재생산하는 것을 말한다. 쉬운 예로 대학가 앞에서 교재를 복제하여 판매하는 것을 연상하면 된다. 따라서 불법복제는 타인의 저작물을 마치 자신이 창작한 것처럼 말하는 표절과는 다르다. 복제에 관해서 우리 저작권법 제2조 제14호에 제시되어 있다.

"복제란 인쇄, 사진, 복사, 녹음, 녹화 그 밖의 방법에 의하여 유형물로 다시 제작하는 것을 말하고, 건축물의 경우에는 그 건축을 위한 모형 또는 설계도서에 따라 이를 시공하는 것을 말하며, 각본, 악보 그 밖의 이와 유사한 저작물의 경우에는 그 저작물의 공연, 방송 또는 실연을 녹음하거나 녹화하는 것"을 말하므로, 타인의 창작물을 자신이 한 것인 양하는 표절은 유형물로 다시 재현시키는 것을 전제로 하는 복제와는 다른 행위이다. 불법복제의 3가지 유형을 모두 인정하고 있다. 즉 piracy(Raubpressung), 이는 유형물로 다시 제작하는 것(불법음반복제)인데 이 경우는 포장(음반케이스, 라벨, 상표 등)이 원본과 다르다. 따라서 외형적으로 불법복제된 것을 말한다. 그리고 counterfeit(Fälschung), 이는 원음반이 그대로 복제된 것을 말한다. 포장과 제작자라든지 권리주체와 같은 것이 그대로 복제된 것을 의미한다. 그리고 Bootlegs(Mitschnitte)는 정당한 권리자의 허락없이 음악회나 방송의 내용을 녹음하거나 녹화하여 복제하는 것을 말한다. 이 경우에도 겉의 표장은 원본음반과는 명백하게 구별된다.

9) 모방

(misappropriation, deadcopy, sklavische Nachahmung)

모방은 타인의 성과를 전용하는 의미를 가진다. 모방이라는 행위의 특징은 모방자가 선행개발자가 이루어놓은 상품 또는 성과의 결과물인 원형을 이용하여 반복적으로 모조품을 생산함으로써 타인의 성과로부터 자신의 성과를 파생시키는 것을 말한다. 이 개념은 창작물을 대상으로 하기보다 상품이나 제품을 전제로 하는 개념이다. 물론 예술이나 문학에서 모방이라는 말을 할 때에는 대부분 표절이라고 생각하면 된다. 모방은 주로 부정경쟁행위에 해당하는 것이고, 상표법, 특히 「부정경쟁방지 및 영업비밀보호에 관한 법률」 제2조 제1호 자목에서 규정하고 있다. 구체적으로는 '상품형태 모방행위'라고 부르면서 주로 캐릭터, 문구류, 티셔츠 등 life cycle 이 짧은 상품에 적용되는 부정경쟁행위를 방지하고자 하는 규범내용의 일부라고 이해할 수 있다. 이는 만화, 게임 등의 캐릭터가 상품화되는 것과도 연관성을 가지고 있다.

10) 차용미술(借用美術, approapriation art)

차용미술이란, 다른 예술가의 이미지를 차용해서 새로운 예술작품에 통합시키는 것을 말한다. 즉 차용을 한 미술가는 차용을 당한 미술가의 작품에서 원래의 문맥을 제거해버리고 감상자가 다른 관점에서 바라볼 수 있도록 원저작물을 변형시키는 것을 말한다. 세계적인 미술가인 피카소가 1957년도에 스페인 화가인 벨라스케스의 1656년 작품인 '시녀들'이라는 작품을 모작한 것이다. 즉 벨라스케스의 원작을 차용하여 새로운 '시녀들'이라는 작품을 만든 것과 같은 것이다.

차용미술은 현대 사회에 있어서는 광고 등에도 활용되고 또한 미술창작의 한 기법으로 간주되기도 한다. 하지만 규범적인 입장, 특히 저작권법의 입장에서 보면 결국 타인의 창작물을 이용하여 행한 창작물이 독창성이 생겼는지 즉 새로운 저작물이라고 볼 수 있는지가 표절과 창작물 사이의 평가의 기준이 될 것이라고 생각된다. 타인의 미술저작물을 표절하여 놓고서는 차용미술이라고 주장하는 경우에 차용미술이 하나의 창작기법 내지 방식에 해당된다고 하더라도 저작물 성립요건에 따라 판단되어야 한다.

11) 대작(代作, Ghostwriter)

예를 들어 갑이 쓴 소설을 을의 이름으로 출판하는 경우에 이를 보통 대작이라고 부른다. 한편, 우리 저작권법 제8조에서는 저작자 추정조항이 있어서 저작물에 저작자로서 표시된 자가 저작권을 가지는 것으로 추정하도록 하고 있다. 따라서 위의 경우에는 을이 저작권을 가지는 것으로 추정된다. 그런데 우리 저작권법은 창작자주의와 창작주의를 취하고 있기 때문에 갑이 자신이 쓴 소설임을 입증하면 을이 저작자이고 저작권을 가진다고 하는 추정은 깨어진다. 그리고 갑과 을이 비록 대작계약을 통해서 을을 저작자로 표시하고 을이 저작권을 가진다고 하더라도 이러한 계약은 무효라고 보아야 한다. 왜냐하면 작품에 자신의 이름을 표시하는 권리인 성명표시권은 저작인격권의 하나로서 강행규정에 해당되기 때문이다.

그리고 대작이 있는 경우에는 저작권법상의 허위공표죄(저작권법 제137조 제1항 제1호)와 허위등록죄(제136조 제2항 제2호)에 해당될 수 있다.

12) 저작권침해

표절과 저작권침해는 구별되는 개념이다. 표절은 연구 윤리규범의 위반 내지 창작 윤리규범의 위반에 대한 사회적 비난의 성격이 강하지만, 저작권침해는 타인의 재산권에 대한 침해이기 때문에 구별되어야 한다. 저작권침해는 그 의미대로 저작자의 이용허락 없이 저작물을 이용하는 것을 의미하고, 이러한 이용행위가 저작재산권 제한 사유, 즉 저작물이용행위를 정당화시키는 사유에 속하지 않는 행위를 의미한다. 표절시비가 발생하였을 경우에는 저작권법상의 저작권침해에 해당되는 구성요건을 충족하고 있는지를 심사하는 것이 필요하다.

표절을 '가중된 저작권침해(Qualifizierte Urheberrechtsverletzung)'라고 부르기도 한다. 그 이유는 수많은 표절이 저작권침해를 구성하지는 않지만 보호되지 않는 정신적 창작물의 이용과 관련되거나 보호기간이 지난 공적 저작물과 연관성을 가지기 때문이다. 반면에 표절이 성립되지 않지만 저작권자의 이용허락 없이 저작물을 이용하는 경우에는 저작권침해가 된다.

13) 패러디 (Parody, Parodie)

패러디는 다른 사람의 노래나 시를 흉내내거나 풍자적으로 부르는 것을 말한다. 표절자는 자신이 행한 것이 패러디라고 하여 표절시비를 면해 보려고 노력하는 경우가 있다. 그런데 패러디는 패러디화된 원작품이 암시되는 것이 특징이라고 할 수 있다. 그러나 표절에서는 이러한 요소가 없다. 즉 패러디가 가장 오해받기 쉬운 것이 바로 표절이다. 겉으로 보아서 패러디와 표절 사이에는 확실한 공통점이 존재하는 것처럼 보인다. 즉 패러디된 작품의 가장 중요한 부분을 가져다 사용하기 때문이다. 하지만, 창작물의 성립요건과 창작물이 나아가고자 하는 지향점에 있어서는 근본적인 차이점이 존재한다. 표절은 자신의 출생(원저작물)을 얼버무려 뭉개버리지만, 패러디는 원저작물과의 비교를 통해서 자신의 진정한 의미를 획득하게 된다. 패러디의 의미와 목적을 이루기 위해서는 자신이 패러디화한 원저작물의 무엇을 다루었는지를 특정 표지들을 통해서 즉시 알 수 있어야 한다. 그렇지 않으면 표절로 추정될 수 있다.

V
패러디와 저작권침해

우리나라에서 패러디와 관련된 사건은 그렇게 많이 존재하지 않는다. 최근 대법원에서 판결한 사안을 중심으로 패러디에 대해서 간략히 소개하고자 한다.

1. 사실관계

사안을 단순화하면 다음과 같다.

갑은 인터넷의 페이스북에 게재되어 있는 피해자 을이 저작권을 가지고 있는 사진(제1저작물)과 포스터(제2저작물)를 다운로드 받아서 병의 노동착취를 고발할 목적으로 제1포스터와 제2포스터를 제작하였다. 이에 저작권자의 저작재산권과 저작인격권을 침해하였다고 제1심[7]에서 벌금형을 선고받았다. 항소심[8]과 대법원[9]을 통해서 이 판결은 확정되었다.

항소심에서 피고인은 범죄사실을 부인하면서 주장을 다음과 같이 하였다.

저작재산권침해의 점과 관련해서는, 피고인이 제작한 제1포스터와 제2포스터는 저작권자의 제1저작물과 제2저작물을 패러디한 2차적 저작물로서 피해자의 저작재산권을 침해하지 않았다. 그렇지 않더라도, 피고인의 행위는 저작권법 제35조의5(이 판결 당시에는 제35조의3)의 공정이용에 해당되어 저작재산권을 침해하지 않았다.

저작인격권침해의 점과 관련해서는, 제1포스터와 제2포스터 제작행위는 저작권자의 사회적 명예를 훼손하지 않았기 때문에 저작인격권 침해를 하지 않았다.

2. 사안의 경과

검찰은 저작재산권침해와 저작인격권침해를 이유로 공소를 제기하였고, 이에 대해서 피고인은 1심에서는 피고인의 행위가 비영리적인 행위이고, 사용한 사진은 인터넷에서 접근이 가능한 사진이기 때문에 저작권을 침해하지 않았다고 주장하였으나 1심 법원은 이러한 주장을 받아들이지 않았고, 벌금 2백만원을 선고하였다.

항소심에서는 피고인은 자신의 포스터가 2차적저작물로서 성립하였다는 점과 피해자의 저작물을 패러디하였다는 점, 저작물의 공정이용, 소위 위법성조작사유 즉 정당화사유에 해당된다는 점을 주장하였다. 이에 대해서 항소법원은 저작재산권침해에 관한 피고인의 주장이 모두 성립되지 않는다고 판단하였고, 저작인격권침해와 관련해서는 성명표시권침해와 피해자의 저작물에 등장하는 인물을 조롱할 목적으로 왜곡되게 사용하여 저작자의 사회적 명예가 훼손되었다고 판단하였다. 따라서 저작재산권침해와 저작인격권침해가 모두 성립되었다고 판단하고 유죄를 선고하였다.

대법원에서는 하급심 판결문에서는 등장하지 않은 용어인 '독립된 저작물'이라는 용어가 있기는 하나 원심을 그대로 확정하였다.

3. 패러디의 의미와 성립

패러디의 의미와 성립에 관해서는 앞서 설명을 하였다.

그런데 패러디와 연관성을 가지는 개념은 동일성유지권, 2차적 저작물 성립, 독립된 저작물, 공표된 저작물의 인용, 저작물의 자유 이용, 저작권침해라는 개념이다. 본 사안 단순하지만 법리적으로 많은 시사점과 생각할 점을 제공하고 있다.

항소심 판결이유에서 "2차적저작물에 해당되는지 여부"라고 판단하고 있으면서 패러디에 대해서 괄호로 간단히 판단하고 있는데 패러디 주장은 별개의 주장으로 판단하여야 한다고 생각된다. 2차적저작물과 패러디한 저작물은 기본적으로 그 성격이 다르고, 성립

요건도 다르다. 2차적저작물을 작성하기 위해서는 기본적으로 원
저작자의 동의를 받아야 하기 때문이다(저작권법 제22조).

항소심 판결에서는 피고인이 패러디한 것이 저작물로서 성립되
지 않았다고 판단하였는데, 구체적이지는 않다. 그리고 저작물성립
으로서의 패러디와 문학 또는 예술적인 의미의 패러디를 구별하여
야 하는데 다소 아쉬운 점이 있다. 다만 판결 내용을 통해서 저작물
로서 성립하지 않았다는 점을 추정할 수 있을 뿐이다. 저작물로서
성립되지 않은 실패한 패러디라는 점과 이것은 표절이 추단되고,
표절추단은 저작권을 침해하였는지 여부를 심사하여야 하는 단계
를 거쳐야 한다. 하지만 이러한 논리 구조가 없다는 점이 아쉽다.

4. 공정이용의 성립여부

항소심 판결문에서 공정이용(Fair Use)에 해당되지 않는다고 판
시하면서, 그 이유를 주로 제1저작물과 제2저작물의 이용목적이
조롱하고 비하하기 위한 것이라는 점, 피고인은 조금만 주의를 기
울이면 출처를 알 수 있는데 출처명시를 하지 않았다는 점, 통상적
인 이용방법과 충돌하고, 저작자의 정당한 이익을 부당하게 해친다
는 점을 제시하고 있다.

1심의 판결문의 범죄사실에 나타난 내용만으로는 공정이용에 해
당되는지 여부를 판단하기 힘든 면이 있다. 다만 공정이용을 판단

하는 판결문의 행간에서 읽히는 것으로는 입법취지와 정확하게 부합한다는 생각이 들지는 않는다.

5. 아쉬운 점

1) 형사사건화

우선, 저작권연구자로서 본 사건을 보면서 우리 사회에 만연한 저작권침해와 관련된 사건을 형사사건화했다는 의미이다. 형사사건화 함으로써 피고인에게 사회적, 심리적 압박을 주었을 것이고, 민사사건의 증거자료로 사용될 가능성도 높다. 이러한 점은 동료 사회에서 창작에 대한 제한수단으로 사용된다는 점에서 그렇게 권장할만 것은 아니다.

형사사건은 국가권력을 동원한다는 의미인데, 국가권력은 우리 사회의 정의에 반하는 범죄에 대해서만 공권력이 동원될 필요가 있다. 저작권침해와 관련해서 과도하게 형사사건화되는 것에 대해서 입법에서뿐만 아니라, 해석론이나 실무에서도 어느 정도 경계할 필요가 있다고 생각된다.

2) 법리 검토 부족

패러디와 관련된 각종 저작권법상의 쟁점에 관한 충분한 주장과 검토가 있었다고 판결문을 통해서 알 수는 없다. 변호인의 주장이 무엇이었는지 관해서 구체적으로 알 수는 없으나 다음과 같은 점에서 아쉬움이 있다.

가. 인용주장을 하지 않은 점

우선, 피고인이 자신의 행위가 저작권법 제28조의 인용에 해당되어 적법한 저작물이라는 것을 주장하지 않았다는 점이 아쉽다. 제35조의5 공정이용과 더불어 문화수요자가 기존의 저작물을 자유롭게 이용할 수 있는 권리로서 저작권법상 인용권(Citation)이 존재하고 있고 이를 제28조에서 규정하고 있는데 이 점을 주장하지 않았다. 문화수요자 또는 창작자는 창작행위를 할 경우 필수적으로 창작 의도에 맞추어 타인의 저작물을 인용하여 왔고, 인용하고 있다. 따라서 피고인이 어떤 사회적 상황에 대한 비평을 하기 위하여, 또는 어떠한 항의의 표시로 공표된 저작물을 공정한 관행에 맞게 인용하였다는 점을 주장할 수 있다. 이는 패러디를 통한 저작물의 성립과도 연관성을 가질 수 있다. 따라서 이러한 점을 피고인으로서는 충분히 주장할 수 있다고 생각되는데 주장하지 않았다. 즉 패러디의 본질과 관련된 논의를 하고 있지 않다는 점이 아쉽다. 앞서 언급한 대로 패러디는 하나의 독립된 저작물로서 출처표시가 필요하지 않고, 성공한 패러디는 원작을 알 수 있기 때문에 출처표시를 할 필요도 없고, 더 나아가서 원저작물의 저작자의 동의도 받을 필요도 없기 때문이다. 항소심 판결문에서 출처명시를 지나치게 강조하고 있는 것도 패러디 본질에 대한 충분한 검토를 하지 않았기 때문이다.

나. 공정이용 판단의 부정확성

피고인의 저작물의 공정이용을 통한 정당화를 주장할 때에 항소법원의 판단이 공정이용에 대한 엄밀한 논리적 전개를 하고 있지 않다는 점이다. 공정이용 조항이 일반조항이기 때문에, 이 사안이 어떠한 점에서 공정이용에 해당되지 않는다는 점을 구체적으로 설시하여야 하는데 그러하지 않았다는 점이다. 타인의 저작물을 이용하면서, 특정인을 어떤 상황에서 항의하기 위한 수단으로 조롱, 비하하는 것이, 공정이용 판단의 한 내용인 '이용의 목적과 성격'에 비추어 맞지 않다고 판단한 것에 대해서는 다소 의문이다. 또한, 공정이용을 판단하면서 출처명시가 특히 공정이용의 성립요소인 것처럼 느끼게 표현한 것은 오해에 기초한 것이다. 그리고 저작권법에 개별적인 저작재산권 조항이 있음에도 불구하고 일반조항인 공정이용 조항을 통한 저작권침해에 대한 정당화사유를 판단할 때에는 조금 더 상세하게 설명을 하여야 한다. 법관에 대한 신뢰를 기초로 해서 규정된 일반조항은 해석을 통해서 점점 더 구체화되고, 명확하게 되어야만 수범자(受範者)로서는 행위규범에 대한 판단을 내릴 수 있기 때문이다.

6. 새로운 연구주제의 제시

1) 표현의 자유와 저작권

본 사안을 보면서 학문의 자유, 비평의 자유, 예술의 자유, 표현의
자유 등은 저작권을 통해서 제한될 수 있다는 생각이 들 수 있다.
비평의 한 수단이 패러디이기 때문이다. 본 사안은 비록 국가기관
에 의한 검열이 사전적인 의미에서 표현의 자유의 제한이라면, 개
인은 저작권 제도를 수단으로 사후적으로 또는 사적으로 표현의 자
유를 억압할 수 있겠다는 점을 발견할 수 있는 사례라고 생각된다.
특히, 비평의 자유를 포함하여 창작의 자유를 저작권을 통해서 제
어함으로써 사회적으로 창작의 폭이 줄어들 수 있고 창작 심리를
위축시킬 가능성이 있다. 특히 행위를 형사사건화하여 국가의 힘을
빌어서 범죄자가 되게하는 것은 우리 사회 전체가 한 번 생각해볼
필요가 있다.

2) 패러디판단의 주체

패러디에 대한 판단을 누가 하여야 하는가 하는 점이다. 패러디
는 앞서 언급한 대로 저작물의 성립과 관련된다. 저작물의 성립에
서 가장 중요한 요소는 '창작'이다. 즉 무엇이 창작인지에 대한 판
단, 무엇이 창작이 아닌지에 관한 판단은 좁혀서 생각하면 무엇이
예술인가 하는 문제와 연관성을 가진다. 이에 대한 판단을 누가 하
여야 하는가? 필자 개인생각으로는 그 분야의 동료, 전문가 들이 판

단하는 것이 맞다고 생각한다. 최근 우리 대법원도 명시적으로 대작사기사건에서 대법원[10]은 미술작품의 가치평가 등에 관해서는 전문가의 의견이 존중되어야 하고, 법원은 가치판단에 자제되어야 한다는 점을 지적하고 있는 점은 옳다고 생각한다. 더 나아가서 법률가가 미술가의 작품가치를 판단하는 것 역시 위험하다는 점을 설시한 것도 의미가 있다고 본다.

개인적인 생각으로는 패러디는 사회 전체적으로 예술 전체적으로 되도록 많이 활용되도록 하고 법학 역시, 패러디가 확산되도록 뒷받침하는 것이 바람직하다. 패러디 역시 하나의 문화이고 창작물이기 때문이다.

3) 저작인격권과 명예훼손의 정합성

저작권법의 저작인격권 보호 조항인 제11조에서부터 제15조까지 사이에는 저작자의 명예훼손이 저작인격권침해의 구성요소가 아니다. 다만, 제124조 제2항에서 저작자의 명예를 훼손하는 방법으로 저작물을 이용하는 경우에는 저작인격권침해로 보는 조항이 있다. 그리고 제136조 제2항의 벌칙조항에서 저작인격권을 침해하여 저작자의 명예를 훼손한 자라고 규정하고 있다. 그리고 제137조 제1항 제5호에서 "제124조 제2항에 따라 침해행위로 보는 행위를 한 자"로 하여 독립된 벌칙조항으로 규정하고 있다. 제1심 판결문을 보면 적용법조에 제136조 제2항 제1호만 설시되어 있다. 본 사안에 대해서는 성명표시권침해에 대한 것으로만 저작인격권 침해를 다루었다고 생각되는데 약간 의문이 든다. 저작인격권조항에 대한 요건사실에는 명예훼손이 없는데 형사처벌조항에만 명예훼손이 들어 있다. 이러한 입법의 태도는 적절한 것인가 아니면 예전의 입법을 개정하면서 놓친 부분인지에 관해서 검토할 필요가 있다.

4) 법률가 또는 법조인의 역할

패러디 판단, 창작성의 존재 여부에 대한 판단, 예술성에 대한 판단, 예술과 외설에 대한 판단에 있어서 법률가 또는 법조인, 더 나아가서 법학은 어떠한 역할을 해야 하는가 하는 점이다. 가능하면 사회적 건전성, 자율성을 유지하기 위해서는 전문적인 분야에서 발생되는 분쟁에 관해서는 일차적으로 스스로 해결하도록 하는 것이 옳다고 생각된다. 장기적으로 보면 이러한 형태가 더욱 건강하고 자율적인 사회를 이룬다고 생각된다. 따라서 이러한 기조에 선다면 법률가들은 어떠한 사회적 역할을 하여야 할지 깊은 고민이 필요하다.

창작활동과 관련하여
인식하여야 할 사항

1. 창작자의 (거의) 모든 행위는 법률적으로 의미를
가지고 있다

　법학이 무엇에 관심을 가지고 있는지 질문한다면 필자는 "인간의 행위"에 관심을 가지고 있다고 답변 하고 싶다. 물론 다르게 생각할 수 있지만, 법학은 인간의 행위 중에서 "법률적으로 의미 있는 행위"에 대해서 "만" 관심을 가지고 있다. 인간 행위에 관심을 가지고 있는 학문은 많이 있다. 경제학, 의학, 심리학, 교육학, 신학, 인문학, 예술 등 다양한 영역에서 인간 행위에 대해서 탐구하고 있다. 예를 들면, 태풍이 오는 것이나 눈이 내리는 것은 자연과학 또는 신의 영역이지만, 태풍에 대비하여 물건을 묶어두어야 하는 것 또는 눈이 왔을 때 내 집 앞의 눈을 쓸어놓아야 하는 것은 법적으로 의미가 있다. 다른 말로 표현하면 자신이 주의하여야 할 사항을 게을리하여 타인에게 피해를 주었을 경우(이를 법학에서는 '주의의무위반' 또는 '과실'이라고 표현한다) 손해배상을 하여야 한다. 개인이 사회 구성원으로서 살아가면서 기울어야 할 주의의무를 게을리한 것에 대해서 사회적으로 비난하는 것이다.

창작자가 자신의 행위가 무슨 법적 의미를 가지겠느냐고 말할 수 있겠지만, 법학자의 입장에서 보면, 거의 모든 행위가 법률적 의미를 가진다. 자고 있거나, 밥 먹는 행위, 숨 쉬고 있는 행위를 제외하고는 거의 모든 행위가 법률적으로 의미를 가진다. 창작 활동만 하면 법률적으로 아무런 문제가 없을 것이라는 '순진한' 생각은 하지 않아야 한다. 그렇다고 법학을 공부하라든지 매일 자신의 행위가 법률적으로 어떤 의미를 가지는지 확인하라는 의미는 아니다.

최소한 자신의 창작활동 앞뒤로 이루어지는 행위, 예를 들어 창작활동을 준비하는 과정에서, 창작행위를 하는 과정에서, 창작을 마치고 난 후에도 여러 가지 법률적 분쟁이 발생하거나 법률적 의미를 가지는 경우가 많다. 따라서 창작행위는 법률과 또는 사회적 규범과 멀리 떨어져 있을 것이라는 생각을 하지 않아야 한다. 심각하게 고민하지 않아야겠지만 최소한 자신의 양심이나 그동안 자신이 받았던 교육이나 사회적 경험 등을 통해서 알고 있거나 경험한 것을 토대로 자신의 행위가 어떠한 사회 규범적 의미를 가지고 있는지를 인식하는 것은 창작 활동과 관련하여 중요하다.

개인적으로 창작활동을 하시는 분들과 대화 하다보면, 예를 들어 저작권과 관련된 이야기를 나누다보면 처음에는 관심을 보이거나 호기심을 가지고 있지만, 본인과 관련하여 불리한 이야기라고 판단되거나 복잡한 이야기라고 생각되면 그만 손사래를 치고 자신과 무관한 것처럼 보이려고 한다. 마치 이가 아프지만 치과병원의 분위기나 치료과정에 아픔이라는 공포감이 생각나서 또는 병원까지 가는 것이 귀찮아서 병원에 가서 치료받지 않는 것과 같은 것이라고 생각한다. 이런 경우에 대부분 병 또는 아픔을 더 키우고 치료비용과 치료기간이 늘어나게 된다. 마찬가지로 자신의 창작활동과 관련된 사회적 규범적으로 문제가 있다고 판단되면 전문가로부터 자문을 받거나 한 번 의심해보고 그 의미를 살펴보는 것이 중요하다. 초기에 간단히 해결할 수 있는 법률문제를 시간적으로 더 키워서 복잡하게 만들고 불리하게 되거나 해결 비용이 증가되는 경우가 많다.

따라서 자신의 창작행위를 비롯하여 창작 준비행위 등에 대한 사회적 의미를 의식할 필요가 있다.

2. 무딘 연필 끝이 명석한 두뇌보다 낫다

창작자가 자신의 창작 활동과 관련하여 가능하면 모든 것 또는 의미가 있는 부분을 기록해 두는 것이 법률 분쟁에 있어서 해결책을 빨리 찾거나 쉽게 하는 지름길의 하나이다. 자신의 기억력을 의지하면 위험하다. 인간은 자신의 기억이나 경험을 왜곡하여 편집하거나, 조작하거나, 타인으로부터 들은 이야기와 혼동하는 경향이 있다. 따라서 자신의 기억에 의지하여 무엇을 주장하는 것은 대단히 위험하다. 이러한 것은 최근에 거의 모든 자동차에 블랙박스가 장착되어 있기 때문에 교통사고가 발생한 경우 블랙박스를 통해서 정확한 교통사고 과정과 결과를 판정할 수 있게 되어 당사자들이 사후조치에 대해서 쉽게 수긍할 수 있게 되는 것과 같은 이치라고 보면 된다.

뉴스 시간에 우리나라를 비롯한 대부분의 나라에서 대통령이나 국가 수반이 이야기를 하면 주위에 있는 사람들이 열심히 받아 적고 있는 모습을 본다. 코미디의 한 장면 같기도 한데 중요한 처세술이다. 말하는 것을 받아 적으면서 마치 업무에 대해서 신중하게 고민하고 있다는 것을 보여주거나 또는 뒤에 일을 할 때에 잊어버리지 않기 위하여 열심히 적고 있다는 것을 보여주는 것이다. 이를 적는 자만이 살아남는다는 소위 "적자생존(生存)의 법칙(?)"이다.

창작자도 자신의 창작활동과 관련하여 이 법칙을 적용할 필요가 있다. 그렇다면 "무엇을 기록할 것인가?"라는 의문이 들 수 있다. 기록할 사항은 그 상황에 따라서 다를 수가 있다. 예를 들어 사적인 금전거래일 경우, 빌려준 사람과 빌린 사람, 증인, 대여금액, 이자율, 빌려준 날짜와 갚을 날짜, 갚지 않을 경우 어떻게 할 것인지, 물적 담보 또는 인적 담보를 설정할 것인지, 지연이자는 발생하는지 등의 내용을 기록하고 서명 또는 인장을 받은 후 공증까지 받아두면 훌륭한 증거서류가 되고 적자생존이 위력을 발휘하게 된다. 마찬가지로 창작활동을 하면서 창작과 관련된 기록을 해둘 필요가 있다. "무딘 연필 끝이 명석한 두뇌보다 낫다."라는 말을 되새길 필요가 있다.

저작권에 대한 오해

I. 저작권 – 갑자기 또는 최근에 나타난 권리?

저작권이란 단어가 언론과 방송 등에 많이 보도되면서 일상에서 자주 접하는 용어가 되고 있다. 특히, 학위 논문 표절문제, 유명 연예인 등의 저작권료 수입, 우리나라의 가수나 연기자(법에서는 '대중문화예술인'이라고 지칭한다) 등의 중국이나 동남아시아 등에서의 한류와 같은 문화산업과 관련하여 저작권이 많이 언급되고 있다.

다른 한편 예술가, 문학가, 창작에 종사하는 사람들도 창작윤리에 대해서 이야기를 하지만 구체적으로 저작권이 어떤 내용을 가진 권리인지는 모를 것이다. 이렇게 이야기하는 것은 법학을 전공한 사람들도 예를 들어 법조실무가나 대학에서 강의하는 사람들도 저작권을 명확하게 알지 못한다.

그렇다면 우리 사회에서 갑자기 등장한 권리인지 또는 최근에 알게된 권리인지 의문이 들겠지만, 한 가지 분명한 것은 이미 옛날부터 저작권은 있었다. 예를 들면 로마시대부터 권리 개념은 아니지만 표절에 대한 명예감정이라는 것이 있었고, 18세기에 들어서 비로소 법률에 규정된 저작권이 나타나게 되었다. 그래도 300년 이상된 권리라고 할 수 있다. 특히 인쇄술의 발전 이후, 작가와 출판사와의 관계가 설정되는 경우도 있고, 소설이나 그림에 관한 특별한 권리를 주장하는 사람들도 생겼다. 예를 들어 프랑스 혁명이 일어난 후에 그 당시의 미술가들이 제헌의회에 자신의 미술창작물에 관한 권리를 '특별한 소유권'이라고 지칭하면서 보호해 달라고 입법청원을 하였다.

우리나라에서도 19세기말 대한 제국 때부터 저작권이라는 권리가 있었고, 일제 강점기에는 일본의 저작권법이 우리나라에 의용되었다. 해방 후에는 한국전쟁 이후인 1957년도에 저작권법이 제정되었다. 그러다가 21세기 초가 되어서야 비교적 우리 사회에 널리 저작권이라는 용어와 그 의미에 대해서 음미되고, 주장되었다고 생각된다. 지금은 창작물이 하나의 산업이 된다고 생각하기도 하고, 이익이 존재하는 경우에는 분쟁의 대상이 되기도 하고, 어떤 경우에는 명예나 자존감의 문제로 저작권을 바라보기도 한다.

최근 우리 사회에서 저작권이 하나의 화두가 되고 있고, 최소한 창작 영역(사실 모든 문화 활동이 창작과 관련되어 있다고 말할 수 있다.)에 종사하는 사람들의 관심사 중 하나도 저작권 내용과 이에 따른 자신의 권리가 무엇인지에 관한 것이다.

그런데 여기서 한 가지 오해를 하면 안 되는 것이 있다. 저작권제도는 오로지 창작자의 권리만을 위한 제도라고 오해하는 것이다. 저작권제도는 창작자, 즉 문화 공급자을 위한 것이기는 하지만 다른 한편, 문화 수요자 즉 창작물을 이용하는 사람을 위한 것이기도 하다. 이에 관한 설명을 하자면 복잡하고, 약간의 이념적인 문제와도 연관되어 있다. 우리 저작권 제도는 창작자와 창작물 이용자 사이의 균형을 비교적 잘 맞추고 있다고 말할 수 있다. 문화 수요자가 기존의 창작물을 이용할 수 있는 제도들도 많이 있다. 이를 통해서 타인의 저작물 이용이라는 선순환을 통해서 새로운 창작물이 발생하고, 이것이 다시 우리 문화의 기초가 되기 때문이다. 따라서 저작권제도는 창작자와 창작물 이용자 모두를 위한 제도라고 말할 수 있다.

2. 창작과 창작자
- Something New or 하늘 아래 새것이 없다

저작권은 창작물에 대해서 권리를 부여한다. 특허권이 발명행위를 한 것에 대해서 권리를 부여하듯이 저작권은 새로운 창작물을 창작해낸 사람에게 부여하는 사회적 특혜 중의 하나라고 말할 수 있다. 창작자에게 경제적 수익이 갈 수가 있고 또는 사회적 찬사, 존경심 등을 누릴 수 있지만, 법적으로는 배타적이고 독점적인 권리를 부여하여 일정 기간 그 권리를 누릴 수 있도록 하는 것이다. 그래서 창작은 어려운 것, 항상 새로운 것이어야 한다는 생각도 있을 수 있고, 남의 것을 베껴도 하나의 창작이라고 생각하는 사람이 있을 수 있다.

창작의 반대 개념은 표절(剽竊, plagiarius, plagiarism, Plagiat)이다. 남이 창작해 놓은 것을 마치 자신이 창작한 것처럼 가져다 사용하는 것을 말한다. 예를 들어 시인이 제자가 쓴 시를 자신이 지었다고 작가 이름에 자신의 이름을 적는 것이다. 이러한 행위는 성경을 읽기 위해서 서점에서 성경책을 구매하지 않고 훔쳐서 읽는 것과 같다고 비유할 수 있다. 아무리 선한 의도라고 하더라도 남의 것을 훔쳐서 하면 되지 않는 것이다.

그렇다면 우리는 여기서 해결하여야 할 중요한 개념을 발견하게 된다. "무엇이 창작인가?", "무엇이 예술인가?", "무엇이 표절인가?" 하는 점이다. 창작 개념, 뒤집어서 이야기하면 표절 개념에 대해서 정의할 수 있어야 창작자에게 저작권을 부여하고, 표절을 한 사람, 즉 베낀 사람에게 사회적 비난을 할 수 있다. 그렇다면 법이 또는 법학이 예술, 창작, 문학을 정의할 수 있을 지 여부에 대해서 의문이 제기된다. 아마도 법학을 전공한 사람 중에서 이를 정의하여야 한다고 말하는 사람은 거의 없을 것이다. 정의하여서도 되지 않고, 정의할 수도 없다고 생각된다. 무엇이 창작인가? 또는 표절인가? 하는 질문에 대해서는 예술가나 창작을 하는 사람들이 그리고 표절이 문제 되었을 경우 동료들이 자율적으로 판단하여야 한다. 이렇게 하는 것이 사회적으로 건전하고 또한 발전의 가능성과 다양성을 존중할 수 있는 것이다. 또한, 이러한 자율적인 판단이 건전하게 작동할 수 있도록 하는 사회적, 문화적, 교육적 환경과 분위기 등이 중요하다.

그리고 누가 창작행위를 한 사람이라고 할 수 있는가 하는 문제, "창작자가 누구인가?"라는 문제도 생긴다. 우리나라에서는 창작자에게 저작권을 부여하기 때문에 창작자가 누구인가 하는 문제가 중요하다. 우리나라에서는 최근 유명가수의 대작(代作, Ghostwriter) 사기 사건이 발생하여 사회적 이슈가 된 적이 있다. 이 사건에 내재되어 있는 근본적인 문제 중의 하나는 앞서 언급한 예술이 무엇인가? 또는 개념미술을 인정할 수 있는가? 단순한 아이디어만을 제공한 것이 예술이라고 할 수 있는가?하는 점이다. 어느 정도 관여하여야 창작자라고 할 수 있는지 또는 공동창작자라고 할 수 있는가도 문제된다. 이와 더불어 약간 다른 성격의 이야기이지만, 창작의 현장에 형성되어 있는 '갑을관계', '부당한 근로관계' 등도 함께 고민하여야 한다.

최근에는 인공지능(AI, Artificial Intelligence) 창작이 문제되고 있다. 즉 기계 또는 하나의 시스템인 인공지능이 인간 이상으로 창작을 잘 하고 있다. 이러한 예를 인터넷을 검색해보면 금방 알 수 있을 정도이다. 인공지능의 창작행위는 현실적인 문제가 되고 있다. 이미 인공지능 창작을 이용한 사업을 하는 사람도 생기고 있다. 동물이나 식물도 법의 세계에서는 하나의 객체에 지나지 아니한데,

따라서 원숭이가 그린 그림이나 사진의 경우에도 원숭이를 권리주체로 즉 창작자로 인정하지 않는데, 기계인 인공지능을 창작자로 인정할 수 있을까에 대해서 지금 논의가 진행 중이다. 여기서 한 가지 주의할 점이 있다. 인공지능을 도구나 수단으로 이용하면 인간이 창작자로 인정을 받을 수 있다. 따라서 앞으로 창작 세계에서 창작 개념, 창작자 개념에 변화 또는 수정이 생길 가능성이 있다.

3. 인용과 출처명시
– 출처표시만 하면 무조건 허용된다는 오해

많은 사람들, 심지어는 교수들 중에서도 오해하는 것 중에 하나가 어떤 글을 작성할 때에 남의 글을 그대로 옮겨 적고, 그 밑에 각주를 달거나, 참고문헌 표시를 하면 표절이 아니거나 저작권 침해가 아니라고 생각하는 점이다. 남의 글을 그대로 옮겨 적는 것을 책 등에서 전재(轉載)라고 표현하고 있다. 이는 심각한 오해이다. 그리고 전형적인 표절이라고 말할 수 있다. 예를 들어 학위논문을 작성할 때에 남의 글을 인용하고 싶으면, 남의 글을 읽고 그 글의 취지를 자신의 언어로 표현하고, 이어서 남의 글에서 이러한 생각을 하게 되었다는 것을 표시하기 위하여 각주나 참고문헌으로 명시하는 것이다. 즉 글의 정직성과 성실성을 담보하는 하나의 장치라고 보면 된다. 그리고 남의 글로만 내용을 채우면 또한 표절시비를 받게

된다. 그래서 자신의 글이나 논리 등을 뒷받침하거나 보충하기 위하여 남의 글을 인용하는 것이다. 따라서 남의 글로만 채워져 있는 것은 인용도 아니고, 앞서 언급한 전재한 글에 지나지 않는다. 그래서 창작이 힘들고, 글쓰기가 힘든 것이다.

이야기를 더 하자면, 창작자 또는 문화를 이용하는 사람들을 반드시 타인의 창작물을 이용하여야 한다. 인류의 역사를 보면 정말 특이한 천재들이 있었다. 가르쳐주지 않았는데도 정말 처음으로 가는 사람들이 있다. 예를 들면 모차르트나 피카소 같은 작가들이다. 그렇지만 필자를 비롯한 대부분 사람들은 이미 있는 작가들이 제작해 놓은 창작물이나 현재 동료들이 만들어 놓은 창작물을 보고, 읽고, 느끼고 해서 이러한 작품을 통해서 자극받아서 다시 창작하는 것이다. 이때 남의 글을 읽고, 보아서 알게된 것을 자신의 창작물에 가져다 사용하는 것을 '인용'이라고 한다. 그러나 앞서 언급한 대로 인용할 때에 지켜야할 선이 있다. 인용은 문화 수요자, 창작물 이용자의 일종의 권리라고 말할 수 있다. 저작권법에서는 인용을 저작재산권제한의 한 유형으로 규정하고 있는데 이는 문화수요자의 중요한 항변사유에 해당된다. 저작권자가 자신의 저작권을 행사할 경우 이를 저지시킬 수 있는 법률상의 힘 중의 하나이다.

다른 한편, 남의 글이나 그림 등을 마음대로 이용하였으면 이를 이용하였다고 밝혀야 될 의무가 존재한다. 이것을 출처명시라고 부른다. 출처명시는 제3자가 보아서 그 출처를 알 수 있을 정도이면 된다. 이용상황에 따라 합리적이라고 인정되는 방법으로 하면 된다. 어떻게 출처를 밝히라고 표준적인 제도가 있는 것은 아니다. 학술논문지 등에서는 출처표시방법을 제시하는 경우가 있다면 이에 따라서 하여야 한다.

정리를 해보면 문화수요자인 이용자는 타인의 글이나 창작물을 인용할 수 있는 자유가 있다. 이를 인용의 자유라고 하면서, 인용자, 즉 문화수요자의 권리라고 한다면, 인용에 따른 출처표시는 인용자의 의무, 즉 문화수요자의 행위의무에 속한다.

필자는 한 가지 불만이 있다. 저작권법 제138조 제2호에서는 출처표시를 하지 않은 경우에 벌금 500만원 이하에 처할 수 있도록 하는 벌칙 규정을 두고 있다. 개인적으로는 과도한 입법이라고 생각한다. 이러한 입법을 하게된 연유가 어떠한지는 구체적으로 알 길이 없지만, 남의 글을 인용할 때에 출처를 명시하지 않았다고 국가권력이 개입하여 이를 판단하고, 범죄자로 취급하면서 벌금까지 부과하는 것은 결코 바람직하지 않다고 생각된다. 즉 과잉입법이라고 생각한다.

그리고 앞서 언급한 대로 예술이나 학문, 문학 등 창작의 영역은 자율적인 자정노력과 판단을 하도록 하는 것이 문화발전의 관점에서도 더 중요하다. 인용의 자유를 남용하거나, 인용하면서 출처표시를 하지 않고 마치 자신이 창작한 것처럼 하는 자에 대해서 동료나 학자들끼리 서로 비난하고 정당한 지 여부를 논의하도록 하는 것이 건강한 문화 환경이다. 이에 대해서 감정적으로 법에 호소하여 법의 잣대로 판단하고, 결론을 내리는 것은 그 기준이 부정확할

뿐만 아니라 창작 능력의 회복 가능성을 손상시킬 가능성이 있다.

4. 표절과 패러디 – 창작의 담벼락

창작자들이 오해하지 말아야 할 것 중의 하나가 표절이라고 생각한다. 표절을 한 사람이 패러디(parody, Parodie)했다고 주장할 수 있다. 법학의 영역에서는 다양한 창작 기법에 관해서 구분하여 논의하지 않는다. 논의하면 할수록 결론이 달라질 수 있기 때문에 전체적인 인상을 보고, 창작적인지 아닌지에 관한 것으로 판단하는 경우가 많다.

패러디의 어원은 그리스어의 παρωδια에서 왔다. 패러디는 '무엇과 나란히'라는 의미의 접두어인 para-, παρα-와 '노래'라는 의미의 ode가 결합된 단어로서 문학과 예술 등에서 오래전부터 논의되어 온 개념이다. 패러디는 이미 중세시대부터 창작의 영역, 또는 예술의 영역에서 많이 이용된 창작 기법의 하나이다. 최근에 들어와서는 방송, 광고 등에서도 상업적으로도 광범위하게 사용되고 있다. 순수예술 분야라고 해서 패러디가 활용되지 않는 것도 아니다. 패러디를 사전에서는 "특정 작품의 소재나 작가의 문체를 흉내내어 익살스럽게 표현하는 수법 또는 그런 작품"으로 정의하고 있다. 그러나 문학적 의미 또는 창작과 관련된 의미에서는 표현형식이 어떠하든지 원작의 약점이나 진지성을 목표로 삼아 이를 흉내

내거나, 과장하여 표현하거나, 왜곡시켜 그 결과를 사회상황이나 자신이 의도한 대로 비평하여 웃음을 이끌어내는 것을 말한다.

오마쥬(hommage)도 타인의 창작물을 이용한 창작의 한 유형에 속한다. 물론 그 의도가 존경의 의미를 담고 있기는 하지만, 표절 시비를 불러일으킬 수 있다. 대부분 존경의 의미로 하였다고 하지만, 시간이 지날수록 그 의미를 모를 수 있고, 작품에다가 정확하게 표기해 놓지 않는 이상 원저작자는 모를 수 있기 때문이다.

그런데 패러디는 풍자(Satire)와는 구별하여야 한다. 패러디는 원작을 모방하는 경우이지만, 풍자는 원작에 근거할 필요가 없다. 또한, 패러디는 원작을 지향하지만 풍자는 사회적, 도덕적, 정치적 교훈을 주거나 사회적 인식 환기에 그 목적이 있다는 점에서 차이가 난다. 따라서 풍자는 저작권 침해 문제가 발생할 가능성이 적다.

이에 반해 패러디는 원작과 연관성을 가진다. 패러디의 대상이 된 패러디된 원저작물이 존재한다. 따라서 패러디의 대상이 되는 저작물의 저작권을 침해하지 않는가 하는 의문이 들 수 있다. 그 이유는 패러디한 저작물의 저작자는 패러디된 저작물의 저작자로부터 동의를 받지 않아도 되기 때문이다.

패러디와 가장 깊은 상관성을 가지는 개념은 표절이다, 앞서 이야기한 대로 표절한 사람이 자신은 패러디했다고 주장할 가능성이 높다. 표절이라는 개념과 패러디는 그 창작 행위 과정, 구조, 또는 태양을 살펴보면 거의 동일하다. 패러디와 표절은 이미 존재하는 타인의 저작물을 이용한다는 점과 타인의 저작물을 이용하여 자신이 의도하는 대로 제작한다는 점에서 동일한 구조를 형성하고 있다. 더 나아가서 중요한 것은 타인 저작물의 핵심되는 내용을 이용한다는 점 역시 같다. 특히 시각적으로 저작자의 사상 또는 작품의 핵심 내용이 바로 드러나는 미술저작물, 사진저작물의 경우에 타인 저작물을 쉽게 이용할 수 있다. 그런데 표절자는 핵심되는 내용을 뭉개버리고 마치 자신이 창작한 것처럼 하지만, 패러디는 원저작물이 무엇인지 드러나도록 한다는 점에서 큰 차이가 있다. 또 다른 차이점은 창작에 따른 법적 효과이다. 표절자는 사회적 비난의 대상이 되고, 심지어는 저작권침해에 따른 법적인 책임을 부담하지만, 패러디를 한 사람은 갈채와 존경의 대상이 되고, 새로운 저작권을 가지게 된다. 여기서 패러디된 저작물을 하나의 창작의 자극체로서 역할을 하였기 때문에 앞서 언급한 대로 패러디된 저작물의 저작자로부터 이용 동의를 받지 않아도 된다.

그래서 패러디와 표절을 창작의 담벼락이라고 표현했다. 표절과 패러디는 가장 근접한 경계선에 있는 담벼락이다. 따라서 창작자는 이 담벼락을 지나갈 때 주의하여야 한다.

5, 저작권과 소유권
– 작품을 구매한 사람은 저작권도 양도받은 것인가?

저작권과 관련하여 많이 오해하는 것 중의 하나가 소유권과의 관계이다. 이렇게 이야기하면 추상적이기 때문에 하나의 예를 들어 이야기를 풀어나가 보자. 누군가가 서점에 가서 문학가의 소설책을 구입하였다고 가정해 보자. 구입한 사람이 이 소설책을 읽는 동안 책에 밑줄을 그어도 되고, 책장을 찢어도 되고, 쟁반대신 받침으로 책을 사용하여도 된다. 그리고 심지어는 책을 동생에게 주어도 되고, 중고서점에 다시 팔아도 된다. 이렇게 할 수 있는 이유는 그 '책'에 대한 소유권을 취득하였기 때문이다.

그런데 구입자가 문학적 소질이 있어서 그 책의 내용인 소설을 바탕으로 연극 대본 또는 드라마 대본으로 만드는 것은 허용되지 않는다. 그리고 좋은 글귀가 있어서 이를 복제하여 같이 근무하는 동료들에게 배포하거나 또는 인터넷에 올리는 행위는 기본적으로 허용되지 않는다. 왜냐하면 이렇게 할 수 있는 자격을 가진 사람, 즉 권리가 있는 사람, 즉 소설이라고 하는 어문저작물에 대한 권리, 저작권은 저작자만이 가지고 있기 때문이다. 다른 말로 표현하면 서점에서 책을 구입하였을 경우 '소설책'에 대한 소유권을 취득하였지만, '소설'에 대한 저작권을 저작자로부터 양도받지 않았기 때문이다.

저작권과 소유권의 충돌이 문제되는 경우는 일품(一品)저작물이다. 미술저작물, 사진저작물, 건축저작물이 그 대표적인 예이다. 소설과 달리 일품저작물은 단 하나만이 존재할 때 가치가 있다. 저작물인 소설을 나타내는 매개체로 책을 선택한 경우에는 많은 책이 인쇄되어 시중에 나와 있지만, 미술저작물인 경우에는 숫자가 많을수록 가치가 떨어진다. 따라서 단 하나의 작품만이 존재할 때 의미가 있다. 그렇다 보니 소유권과 저작권이 충돌할 가능성이 존재한다.

우리나라의 사례를 예로 들어보자. '도라산역벽화사건'이라고 불리는 사례[11]가 있다. 정부가 작가에게 용역을 주어서 도라산역에 작성해 놓은 미술저작물을 작가의 동의 없이 제거하여 폐기한 사건이다. 물론 정부가 이 작품에 대한 대가를 충분히 지급하였다. 정부는 소유권을 주장하면서 돈을 다 지급하였으니 작품을 마음대로 할 수 있는 권리가 있다고 주장하였고, 저작자는 저작물에 관한 권리 특히 동일성유지권이라고 하는 저작인격권은 저자에게 있다고 주장하였다. 이 사건의 특징은 작품을 완전히 없애버린 즉, 폐기한 사건이었다. 최종적으로는 법원은 정부가 작가에게 정신적으로 침해를 하였기 때문에 공무원의 불법행위를 이유로 하여 위자료를 지급하여야 한다는 판결을 하였다. 필자의 생각으로는 다소 사건의 본질에서 벗어난 결론이기는 하지만 소송 진행에 따른 결론이다.

부산에서도 데니스 오펜하임의 유작인 '꽃의 내부'라는 작품이 철거되었다가 유족의 반발로 다시 최근에 다시 재제작되어 설치된 사례[12]가 있다. 이 사례도 마찬가지로 부산시 해운대구가 작가에게 작품비를 다 지급하였으므로 소유권은 지방자치단체에 있다고 말할 수 있다. 그럼에도불구하고 작가는 자신의 작품에 대한 애정을 가지고 있고 권리가 여전히 존재하는 것이다.

앞으로 이런 사례는 많이 발생할 것이다. 아파트 재건축, 도시 재개발, 공원 재개발 등에서 기존에 설치되어 있는 작가의 작품들이 옮겨지거나 폐기될 가능성이 많다. 작가의 저작권을 이유로 재건축이 되지 못하도록 하는 것은 사회적으로 받아들이기 힘든 결론이지만, 그래도 작가의 작품이나 설치의도 등을 최대한 존중하고, 이전하거나 폐기하더라도 작가와 미리 상의하고 절차 등에 관해서 논의하는 것이 중요하다.

6. 예술가는 법 또는 권리를 몰라도 된다
– 예술가는 배가 고파야 된다는 생각, 기울어진 운동장

예술가나 창작자는 그렇게 생각하지 않겠지만, 일반인들 사이에 "예술 하면 밥 먹고 살기 힘들다." 또는 "예술가는 가난하여야 한다.", "돈 없으면 예술하기 힘들다."라고 생각하는 경향이 강하다. 아마도 드라마, 영화, 몇몇 예술가 사례가 강한 인상을 주어서 그렇다고 짐작한다. 사실 근거가 없는 말이다. 마치 농사짓는 사람이 자신의 육체적 노동을 통해서 수확한 작물에 대해서 수익권을 가지고, 나의 것이라고 말할 수 있는 것은 당연한 것이다. 마찬가지로 어떤 정신적 창작행위, 즉 정신적 노동행위를 통해서 나타난 성과물인 창작물에 대해서, 즉 시, 소설, 작곡, 그림 등에 대해서 권리를 주장하는 것은 당연한 것이고, 나의 허락을 받지 않고서 함부로 사용할 수 없다고 말할 수 있는 것이고, 이러한 성과에 대해서 정당한 보상을 받거나 요구할 수 있어야 한다.

문화권력 또는 창작자를 무력감에 빠뜨리는 현상이 있다. 창작자가 자신의 정당한 권리를 주장할 수 없도록 하는 사회적, 문화적, 경제적, 교육적 환경을 말한다. 특히 어린 작가, 무명 작가일수록 이러한 현상과 직면하게 된다. 자본가로부터 자신의 작품이 헐값으로 제시를 받더라도 받아들일 수밖에 없는 환경이다. 또는 공모전에서 자신의 작품이 선정되지 않더라도 자신의 작품과 유사한 내용을 가진 것이 시중에 돌아다니더라도 항의할 수 없는 사회적 분위기가 있다. 이미 기울어진 운동장이기 때문에 올라가려고 할수록 더 미끄러지는 신세가 된다. 또는 예술 교육이 도제식으로 이루어지는 특성상 인격적 구속을 당하는 경우가 많다.

우리나라는 이미 경제적으로는 세계적 수준의 국가가 되었다. 앞으로는 문화를 통한 삶의 질의 향상을 추구하는 나라가 될 것이다. 이미 그렇게 되고 있다. 이러한 경향에 있다면 무엇보다도 창작자, 예술가, 문학가에 대한 존경심과 창작행위에 대한 보호를 하고, 정당한 대가를 지급하고 문화를 향유하여야 한다는 생각이 사회적으로, 국가적으로 밑받침이 되어야 한다. 그래서 개인적으로 저작권법을 '창작자의 근로기준법'이라는 표현을 좋아한다. 창작자가 최소한 자신의 권리가 무엇이 있는지를 알 수 있는 법이기 때문이다.

그리고 예술가, 창작자, 문학가들도 자신의 권리가 무엇인지, 무엇이 부당한 것인지, 사회적, 국가적, 교육적으로 창작환경의 면에서 개선할 점이 없는지 등에 관해서 논의하고 주위를 살펴볼 필요가 있다. 그러기 위해서는 창작자가 서로 연대할 필요가 있다.

VI
예술작품으로서의 건축물

1. 들어가면서

현대 사회에서 "누가 가장 위대한 예술가이냐?"라는 질문을 필자에게 한다면 1초의 망설임도 없이 "건축가"라고 말할 것이다. 물론 곡을 통해서 우리에게 감동을 준 작곡가도, 글을 통해서 심금을 울리는 소설가도 있고, 그림을 통해서 의미와 생각거리를 제공하는 화가도 있지만 개인적으로 건축가도 위대한 예술가라고 생각한다. 특히 외관의 아름다움뿐만 아니라 건축물이 무너지지 않고 유지되도록 하는 과학의 힘이나 수학적인 사고 방식에 관한 지식이 포함되어 있는 예술물을 제작하는 것을 보면 위대하다고 생각한다. 더 나아가서 주위와 조화를 이루도록 설계되는 점 등을 고려하면 문화의 한 요소이기도 하다.

또한 건축물은 그 공간의 특징이 되기도 한다. 특히 도시라는 공간에서는 건축물이 관광 상품이 되기도 하고, 시민들의 휴식 공간이 되기도 하고, 예술작품으로서 감상의 대상이 되기 때문에 이러한 예술적 목적, 기능적 목적, 실용적 목적 등이 함께 어우러져 있다. 고대 이집트의 피라미드나 우리나라의 옛 건축물을 보면 이러한 요소들이 금방 이해가 될 것이다.

그래서인지 저작권의 대상에도 건축저작물이 등재되어 있고, 하나의 예술의 표현으로서 인정을 받고 있다. 간략하게 저작권의 관점에서 건축물을 한 번 바라보고자 한다. 재산권으로서의 저작권은 국가나 지방자치단체의 건축행정의 대상은 아니라는 점을 유념할 필요가 있다.

2. 건축저작물의 의미

건축저작물이라고 하면 건물만을 생각하지 쉽지만 저작권법에서 말하는 건축저작물에는 건물 외에 정원, 공원, 다리, 탑 등이 포함된다. 그리고 건축물, 건축을 위한 모형, 설계도서도 건축저작물의 한 표현 형식이다. 건축물은 반드시 주거목적으로 하지 않아도 된다. 그리고 한 가지 유의하여야 할 점은 저작권법상의 건축저작물은 부동산등기법상의 건물이나 건축법상의 건축물과는 구별하여야 한다.

그런데 건축물의 구성요소는 건축저작물로서 보호받지 않는다. 예를 들면 건축물에 붙어 있는 장식품이나 인테리어 같은 것을 말한다. 이러한 것들은 독자적으로 보호대상이 될 수 있다. 예를 들어 조각품은 건축물과 별개로 미술저작물로, 인테리어는 도형저작물로 보호받을 수 있다. 그런데 건축물에 붙어 있는 부조물은 미술저작물인가 건축저작물인가 하는 문제가 생긴다. 미술저작물이라면 우리 저작권법의 제35조 제2항의 적용을 받기 때문이다.

건축저작물은 소위 '기능적 저작물'에 속한다. 기능적 저작물이란 예술성보다도 기능성, 실용성, 주거성, 기술성 등이 주목적인 저작물이다. 컴퓨터 프로그램, 설계도 등도 기능적 저작물에 포함된다. 그런데 건축저작물의 경우 주택이면 안락함과 편안함, 공장 건물이면 생산성과 효율성, 학교 건물이면 교육 활동이나 수업에 적합한지 여부, 종교 건물이면 예배나 종교의식 등에 적합한 공간인가 하는 것이 중요하다. 즉 건물의 목적, 용도에 따른 성격이 예술성 못지않게 중요하다는 의미이다. 대법원의 판결문에서도 기능적 저작물[13]이라는 용어를 사용하고 있다.

설계도서와 같은 건축저작물이나 도형저작물은 예술성의 표현보다는 기능이나 실용적인 사상의 표현을 주된 목적으로 하는 이른바 기능적 저작물로서, 그 표현하고자 하는 기능 또는 실용적인 사상이 속하는 분야에서의 일반적인 표현방법, 규격 또는 그 용도나 기능 자체, 저작물 이용자의 이해의 편의성 등에 의하여 그 표현이 제한되는 경우가 많으므로 작성자의 창조적 개성이 드러나지 않을 가능성이 크다(대법원 2005. 1. 27. 선고 2002도965 판결 참조). 그리고 어떤 아파트의 평면도나 아파트 단지의 배치도와 같은 기능적 저작물에 있어서 구 저작권법은 그 기능적 저작물이 담고 있는 기술사상을 보호하는 것이 아니라, 그 기능적 저작물의 창작성 있는 표현을 보호하는 것이므로, 설령 동일한 아파트나 아파트 단지의 평면도나 배치도가 작성자에 따라 정확하게 동일하지 아니하고 다소간의 차이가 있을 수 있다고 하더라도, 그러한 사정만으로 그러한 기능적 저작물의 창작성을 인정할 수는 없고 작성자의 창조적 개성이 드러나 있는지 여부를 별도로 판단하여야 할 것이다(대법원 2007. 8. 24. 선고 2007도4848 판결 참조).

아파트와 같은 건물이나 아파트 설계도서와 같은 것은 대부분 비슷한 부분이 많이 있을 것이므로 다른 말로 표현하면 독창적이라고 볼 수 있는 부분이 많지 않으므로 아파트 설계도서 등이 창작적이라고 하기 위해서는 창작성을 주장하는 사람이 창작성이 있다는 것을 입증하여야 한다.

3. 저작권과 소유권의 충돌 가능성

앞서 언급한 대로 건축저작물은 예술성과 함께 건물의 용도가 중요하다. 그렇다면 건축저작물을 창작한 저작자와 건축소유물을 소유한 소유자 즉 건축주와의 사이에 서로의 권리, 건축가의 저작권과 소유자의 소유권이 서로 충돌할 가능성이다. 예를 들면 공모전에서 1등을 해서 그 설계도로 지역 교육청이 학교 건물을 지었는데, 학생 수의 증가에 따라 학교 건물을 증축 내지 개축하기 위하여 건물의 일부를 헐어서 새로 지어야 하는 경우이다. 이때 만약 건축가가 자신의 저작권을 기초로 해서 교육청의 소유권 행사를 반대하는 경우이다. 독일에서 실제 있었던 사례이다. 독일 연방대법원에서는 이 경우 교육청의 손을 들어 주었다. 설계자가 주장한 저작권보다 소유자의 소유권, 교육건물로서의 역할과 기능이 더 중요하다고 본 것이다.

더 나아가서 건물을 완전히 파괴하는 경우도 상정해 볼 수 있다. 오히려 건물을 완전히 파괴하는 경우는 저작권의 대상이 사라지는 것이기 때문에 저작권자가 저작권을 주장할 가능성이 사라질 수 있다.

우리나라 저작권법은 이러한 상황을 예정한 규정을 두고 있다. 이런 경우와 관련되는 저작자의 권리가 '동일성유지권'이다.

제13조 (동일성유지권) ① 저작자는 그의 저작물의 내용·형식 및 제호의 동일성을 유지할 권리를 가진다.
② 저작자는 다음 각 호의 어느 하나에 해당하는 변경에 대하여는 이의(異議)할 수 없다. 다만, 본질적인 내용의 변경은 그러하지 아니하다.

4. 건축물의 증축·개축 그 밖의 변형

동일성유지권은 자신의 저작물을 타인이 변경, 개작하는 등의 변형 행위를 하지 못하도록 하는 금지청구권의 한 유형이다. 이 조문만을 보면 저작자의 동일성유지권 행사가 저지된다. 소유자가 자신이 건물 용도에 맞게 건축물을 수정할 수 있는 권리, 다른 말로 표현하면 변경시킬 수 있는 권리가 있다. 소유자의 이익이 저작자의 이익보다 앞선다고 보고 규정해 놓은 것이다.

또한 정원의 경우에는 일본 지방법원[14]은 본건 정원은 신우메다 시티 전체를 하나의 도시로 파악하고, 야생의 자연을 적극적으로 재현하거나 또는 물의 순환을 시설 전체환경의 관점에서 구상을 한 후에 위 구상에 옛 꽃들판, 중안 자연의 숲, 남쪽의 물보라 분수, 동쪽의 도로를 따라 있는 인공수로, 꽃이 만발하게 피어있는 곳으로 불리는 구체적 시설의 배치와 그 디자인에 따라 현실화시킨 것으로서 설계자의 사상, 감정이 표현되어 있는 것이라고 말할 수 있기 때문에 저작물성을 인정하는 것이 상당하다고 판단하면서 저작물의 범위는 채권자는 본건 토지로부터 건물의 존재부분을 제외한 본건 부지 전체가 채권자의 저작물이라는 취지로 주장한 것을 인정하였다. 그리고 저작물로서 인정될 수 있는 것은 채권자의 사상 또는 감정의 표현으로서 설치된 식재, 식목, 연못 등의 정원 부분에 더하여 수로 등의 정원관련 시설로 구성된 본건 정원과 이것과 밀접한 관련이 있게 배치된 시설범위에 한한다고 말하여야 하지만, 그 범위는 본건 정원을 일체로서 평가할 수 있는 것이 상당하다고 하여 공원 전체가 저작물에 해당된다고 판단하였다. 그래서 임의로 공원 안에 콘크리트 벽을 설치하는 것은 저작자의 동일성유지권을 침해하였다고 판단한 사례도 있다.

그러나 반드시 소유권자의 권리가 항상 앞선다고 말할 수 없다. 저작물의 본질적인 내용을 변경하는 경우에는 그러하지 않다는 단서도 있기 때문이다. 사실 이러한 사유로 저작자가 자신의 저작물에 관한 권리가 우선한다는 것을 입증하기는 힘들 것이다.

5. 건축저작물의 복제

그런데 저작권법 제2조 제22호에는 ""복제"는 인쇄·사진촬영·복사·녹음·녹화 그 밖의 방법에 의하여 유형물에 고정하거나 유형물로 다시 제작하는 것을 말하며, 건축물의 경우에는 그 건축을 위한 모형 또는 설계도서에 따라 이를 시공하는 것을 포함한다."라고 규정하고 있다. 이 조문의 취지는 복제는 기본적으로 유체물에 고정하는 것을 기본적인 요소이지만 건축저작물의 경우에는 관념적인 건축물을 인정하는 것이다. 따라서 존재하지 않은 건축물이라고 하더라도 설계도서에 따라 저작자가 건축하지 않는 동안 먼저 건축하는 행위는 복제에 해당되어 복제권 침해가 된다. 아마도 건축 전문가들은 설계도서나 모형만 보더라도 구체적인 건물 윤곽이나 건물의 형태가 보일 것이다. 따라서 2차원적인 설계도를 구입하여 3차원적인 건물을 건축하였다면 이는 아직 짓지 않는 건축물의 복제를 한 것이기 때문에 저작권 침해 구체적으로는 복제권 침해에 해당한다.

　본서를 처음부터 읽은 독자는 알겠지만 저작물이라는 개념은 추상적이고 가공된 개념이기 때문에 구체적으로 존재하는 어떠한 유체물이 아니라 인간의 사상 또는 감정을 창작적으로 표현한 것이 관념적으로 존재한다는 것을 이해하였다면 2차원적인 설계도서로 된 건축물을 3차원의 건축물로 옮기는 것이 복제라는 것을 금방 이해하리라 생각된다.

VII
창작자의 권리 – 저작권

1. 권리의 의미

사회생활을 하면서 흔히 "어떤 것에 대한 권리가 있다."라는 표현을 자주 한다. 권리는 무엇을 할 수 있는 힘, 자격, 지위 등을 말한다. 권리라는 용어에는 의무라는 의미가 포함되어 있지만 민주사회에서는 권리를 강조하지 의무를 강조하지 않는다.

여러 가지 권리가 존재하지만 현대 사회에서는 아무래도 재산권이 권리의 중심이라고 말할 수 있다. 물론 인권도 중요하고, 다른 유형의 권리도 중요한 의미를 가지지만 민주화가 이루어지고 자본주의 경제로 운영되는 사회에서 국가라는 집단보다는 개인의 권리가 강조되는데 개인에게는 자신의 재산에 관한 권리가 가장 중요하다고 말할 수 있다. 그렇다면 재산에 관한 권리 즉 재산권을 얻고자 하는 것, 쉬운 표현을 하자면 돈을 벌고자 하는 것 또는 부자가 되고자 하는 것, 자산가가 되고 싶어 하는 것이 현대사회를 움직이는 가장 큰 동력 중의 하나이다. 이러한 동기를 헌법과 법률이 보장하는 것이다. 예를 들면 우리 헌법 제23조 제1항에는 "모든 국민의 재산권은 보장된다. 그 내용과 한계는 법률로 정한다."라고 정하고 있는데 이 조문을 이어받은 대표적인 법률이 재산권에 관한 기본법인 민법, 또 다른 재산권인 저작권에 관한 저작권법이다.

2. 재산권 – 소유권에서 지식재산권의 시대로 변화

재산권 중에서 인간에게 가장 익숙하면서 머리 속에서 재빨리 떠오르는 재산권은 아무래도 소유권일 것이다. 아파트, 자동차, 옷 등에 가지는 소유권은 인간이 본질적으로 가지고 있는 욕망의 대상이다. 은행에 돈을 입금해 두었으면 채권, 주식회사의 주식에 관한 권리, 근로에 대한 급여청구권 등도 모두 재산권의 하나이다. 이 중에서 가장 기본적인 재산권은 소유권이라고 말할 수 있다. 특히 땅에 대한 소유권은 인간의 삶을 지탱해주는 근본적인 힘이자 인류의 지속성을 보장해준 하나의 수단이기도 하였다. 이러한 생각은 20세기 후반에 이르러서는 지식재산권이라고 불리는 재산권으로 대체되고 있다.

소유권의 특징은 소유권의 대상인 소유물이 눈에 보인다는 점이다. 내가 살고 있는 아파트 몇 동 몇 호, 자동차, 노트북, 입고 있는

옷 등 권리의 대상이 눈에 확실하게 보인다. 다른 말로 표현하면 나의 소유물과 다른 사람의 소유물을 분명하게 구별할 수 있다. 소유물을 또 다르게 표현하면 권리의 대상이 눈에 보이고, 형체를 가지고 있기 때문에 유체물(有體物, material)이라고 말할 수 있다.

그런데 지식재산권, 저작권은 소유권과는 약간 다른 성격의 권리이다. 저작권의 대상인 저작물이 눈에 보이지 않는 점이다. 저작물이 저작권의 대상이 되는데 인간의 시각으로 보이지 않는 특징을 가지고 있다. 다른 말로 표현하면 눈에 보이지 않고 인간이 만들어낸 개념이라고 말할 수 있다. 앞서 언급한 권리도 인간이 창설해낸 추상적 개념이지만, 저작권의 대상인 저작물 역시 만들어낸 개념이다. 그 말은 머릿속으로만 존재하고 실체가 보이지 않는다는 말이다. 그래서 저작권의 대상인 저작물을 우리는 무체물(無體物, immaterial), 즉 형체가 없는 대상이라고 말한다. 이 형체가 없는 대상인 창작물에 관한 권리가 저작권이다.

3. 저작권법의 성격 – 창작자의 근로기준법

저작권과 소유권이 구별된다는 점을 이해했다면, 저작권은 어떠한 성격의 권리인지 생각해볼 필요가 있다. 저작권을 규정하고 있는 법률이 저작권법인데 필자는 저작권법을 창작자의 근로기준법이라고 생각한다. 일반근로자의 일반적인 근로행위를 법적으로 보호하기 위한 법률이 근로기준법이라고 한다면, 정신적인 노동에 종사한다고 볼 수 있는 창작자를 위한 법률이 저작권법이다. 저작권법은 창작행위와 창작물에 관한 권리뿐만 아니라 이들을 활용하는 방법에 관해서도 규정하고 있다.

저작권법에는 저작권에 관한 규정만 있는 것은 아니고, 저작인접권이라는 권리도 있다. 예를 들면, 가수, 배우, 개그맨, 무용수, 연주가, 시립교향악단의 단원, 지휘자, 연극 연출 등에 있어 연주하거나 공연하는 행위를 하는 사람들의 권리를 보호하는 제도가 도입되어 있는데 저작권법에서는 이들을 실연자라고 한다. 이러한 실연자와 방송사업자, 음반제작자를 보호하는데 이들을 통칭해서 저작인접권자라고 부르고 있다. 저작인접권 외에도 출판권과 전자책에 대한 배타적발행권이라는 권리가 있는데 이는 저작물을 이용한다는 점에서 저작권과 근접해 있는 권리이기는 하지만 저작권과는 다른 새로운 권리이다.

저작권은 앞서 언급한 소유권과 그 성격에 있어서는 동일하다. 소유권이 소유물을 독점적으로, 배타적으로 사용할 수 있는 것과 마찬가지로 저작권은 저작물을 독점적으로, 배타적으로 사용할 수 있는 권리이다. 그렇지만 저작권은 여러 가지의 권리(정확하게 표현하자면 권능이라고 하지만 그냥 권리로 이해하여도 전혀 문제가 없다)들이 있다. 우선 저작권의 내용을 크게 분류하면 저작재산권과 저작인격권으로 나눌 수 있고, 저작재산권에는 7가지의 권리, 저작인격권에는 3가지의 권리가 있다.

저작재산권은 복제권, 배포권, 공연권, 전시권, 공중송신권, 대여권, 2차적저작물작성권이다. 그리고 저작인격권은 공표권, 성명표시권, 동일성유지권이다. 저작재산권과 저작인격권은 저작권이라는 하나의 권리에서 출발하였지만 우리나라에서는 두 가지로 나뉘어지고 두 권리는 다소 다른 성격을 가지고 있다. 저작재산권은 재산권으로서의 성격을 가지지만 저작인격권은 저작물에 관한 저작자의 정신이나 가치가 화체된 것을 보호하기 위한 제도이다. 권리의 명칭에는 인격권이라고 되어 있지만 그 권리의 내용은 모두 저작물에 관한 것이다.

다른 말로 표현하면 저작권은 10개의 권리로 이루어진 꽃다발과 같은 권리라고 말할 수 있다. 저작재산권은 창작자가 누릴 수 있는 경제적 이익과 관련된 것으로 이해하면 된다. 예를 들면 소설가가 소설을 작성(창작)하여 이 소설을 책으로 만들고(복제권), 그리고 서점에서 배달되어 파는 행위(배포권)는 모두 경제적 수익을 목적으로 하는 것이다. 또한 이 소설을 연극대본이나 드라마대본으로 만들거나 영어로 번역하는 것(2차적저작물작성권) 역시 저작재산권의 하나이다. 그리고 저작인격권은 우리 저작권법의 특징의 하나로서 창작자에게는 강력한 권리라고 말할 수 있다. 소유인격권이라는 것도 없고, 특허인격권이라는 것도 없지만 저작권에만 있는 독특한 권리라고 말할 수 있다. 강력하다고 말하는 이유는 창작자는 저작인격권을 포기할 수도 없고, 상속도 안 되고, 남에게 양도할 수도 없기 때문이다. 오로지 저작자만이 행사할 수 있는 권리이기 때문이다.

공표권은 창작자가 자신의 창작물을 언제, 어떻게 할 것인지를 결정할 수 있는 권리이다. 성명표시권은 저작물에 자신의 이름, 예명, 이명 등으로 표시할 수 있는 권리이다. 동일성유지권은 자신의 창작물을 그대로 유지시킬 수 있는 권리인 것처럼 보이지만, 실체는 타인이 저작자의 저작물을 동의 없이 변경시키는 것을 금지시킬 수 있는 권리이다.

VIII
개념미술을 통한 대작과 사기죄

1. 들어가면서

대법원은 최근에 한국 사회에서 몇 년 동안 화제가 되었던 유명 대중예술인(가수, 배우 등을 통칭하는 말로 법률에서는 대중예술인이라는 용어를 사용하고 있다)의 대작(代作, Ghostwriter)에 관한 형사사건에 대해서 무죄를 확정하였다. 이 사건은 처음부터 많은 관심을 모았다. 특히 저작권법의 영역에서 관심의 대상이 되는 사건이었다. 대작이 화두에 오르면서 타인을 통해 창작활동을 하는 것을 법률적으로 어떻게 취급하는지 논의되었다.

검찰에서는 사기죄[15]로 처벌하고자 공소를 제기하였다. 최종적으로 대법원은 사기죄에 대해서 무죄라는 판결을 내렸다. 이하에서는 이 사건에 대한 정밀한 법률적인 분석 및 검토를 한 법리 분석을 하기보다, 예술계에서 많은 논란을 일으킨 사안에 관한 사실관계와 판결 요지를 소개하는 것으로 만족하고자 한다. 판결문에 나타난 사건의 경위를 간략히 살펴보기 위해 범죄 성립에 관한 형법의 복잡하고 난해한 법리 등을 생략한다. 판결문의 중심이 되는 부분만을 정리한 후에 소견을 밝히고자 한다.

2. 사건의 경위

1. 갑은 가수 겸 화가로서 1973년 첫 개인전을 개최한 이후 지금까지 약 40회의 전시회를 개최하였고, 약 20년 전부터 자신을 화수(畵手, 화가 겸 가수)라고 칭했다.

2. 을은 1988년경부터 2008년경까지 미국에서 활동한 화가로서 국내로 귀국한 2009년경부터 2016년경까지 갑의 부탁을 받고 대신 그림을 그려주었다.

3. 갑은 2008년 12년 10년 언론사 '뉴시스', '연합뉴스'와의 인터뷰에서 "데미안 허스트는 최첨단 미술을 하면서 미술을 최고의 영역으로 끌어올렸다. 문제는 자기는 아이디어만 내고 조수들에게 제작을 맡겼다는 것이다. 거기에 비하면 나는 조수가 한 명도 없다.", "최소한 나는 조수를 두지 않고 직접 그린다."라고 말했다. 또한, 2009년 5월 8일 갑은 자택에서 그림을 그리면서 "아침에 일어나면 방송가기 전까지 6시간 정도 그림을 그린다."라고 『북&피플』 인터뷰에서 말한 사실이 있다. 2013년 4월 3일 〈TV조선〉 인터뷰

에서 마찬가지로 그림을 그리면서 "아침에 한 시간 반 정도 그림을 그린다."라고 밝혔다.

4. 또한, 갑은 2012년 4월 2일 〈JTBC 뉴스〉에서 "아크릴 물감을 고수하는 이유는 다작할 수 있고, 빨리 그려서 싸구려라도 박리다 매로 많이 파는 게 낫다고 생각하기 때문", "내가 그림을 잘 그린다고 말해주면 좋겠는데"라고 인터뷰하는 등 방송 및 언론에서 자신이 직접 그림을 그리고 있는 모습을 여러 차례 보여줬다.

5. 그런데 갑은 2009년 을을 만나기 전에는 주로 화투 등을 직접 잘라서 붙이는 콜라주 기법의 작품을 제작했는데, 화투를 세밀하게 회화로 표현하는 등의 능력은 갖추지 않았다.

6. 갤러리 관계자들이나 작품 구매를 원하는 사람들이 콜라주 작품보다는 회화를 선호하고, 작품의 예술성이 높아져 그림 가격이 올라가자, 2009년경 평소 알고 지내던 화가인 을에게 1점당 10만 원 상당의 돈을 준 뒤, 세 가지 방식으로 회화 작품을 그리게 했다. 첫째, 자신의 기존 콜라주 작품을 회화로 그려오게 했다. 둘째, 자신이 추상적인 아이디어만 제공하고 이를 을이 임의대로 회화로 표현하게 했다. 셋째, 기존에 있던 갑의 그림을 그대로 그리게 했다.

7. 그때부터 갑은 2016년 3월 21일경까지 을에게 약 200점 이상의 완성된 그림을 건네받아 배경색을 일부 덧칠하는 등의 경미한 작업만 추가한 후, 자신의 서명을 했다. 또한 갑은 2015년 4월경 을과 다투어, 2016년 2월 초순경까지 작품 제작을 의뢰할 수 없게 됐다.

8. 매니저에게 소개받은 홍익대학교 일반대학원 회화과 석사과정 재학생인 병에게 "내가 지정하는 그림을 그대로 그려오면 시간당 1만 원을 주겠다."라고 말하면서 을과 같은 방법으로 작업을 지시했다. 그때부터 2016년 3월경까지 총 29점의 완성된 그림을 건네받아 위와 같은 방법으로 자신의 서명을 했다.

9. 갑은 2012년 4월 4일경부터 같은 달 21일경까지 서울 종로구 경운동에 있는 A갤러리에서 '갑초대전'을 개최하면서 「극동에서 온 꽃」 등의 그림을 전시했다. 사실 그곳에 전시된 「극동에서 온 꽃」은 갑이 2012년경 을에게 "용무늬 꽃병 위에 오광(五光)과 이파리를 배열하여 그림을 그려보라"는 추상적인 아이디어를 제공하여 을이 완성한 작품이다. 을이 캔버스에 아크릴 물감을 이용하여 임의대로 오광을 배치하고 이를 회화로 표현하여 완성한 다음 갑에게 건네주었다. 갑은 건네받은 그림의 외곽에 이파리와 사각형 몇개를 그려 넣고 배경에 경미한 덧칠 작업만 추가한 후, 그림 하단에 자신의 서명을 했다.

10. 갑은 2012년 4월경 피해자 병에게 「극동에서 온 꽃」을 1,200만 원에 판매했다. 이를 비롯하여 갑은 2011년 9월경부터 2015년 1월 19일경까지 총 17명의 피해자에게 그림 21점을 판매하여 대금으로 합계 1억 5,355만 원 상당을 받았다.

3. 판결 요지

1심과 항소심에서 판단한 요지는 갑의 이러한 행위가 사기죄에 해당하는지 여부였다. 1심은 사기죄에 해당한다고 보았고, 항소심은 사기죄에 해당하지 않는다고 판단했다. 최종적으로 대법원은 사기죄와 관련하여 항소심과 같은 결론을 내렸다.

1) 1심 판결[16] 요지

회화 작품은 개인의 숙련도, 붓 터치, 색채감 등 작가의 개성이 화풍으로 뚜렷이 드러난다. 작품 구매자의 입장에서는 작품을 그린 작가 또한 작품 구매를 결정하는 판단에 있어 중요한 사실이다. 회화 작품을 거래할 때는 작가나 작품의 내용 및 평가에 따른 매수인의 주관적인 의도가 우선 중시되어야 한다. 1심에서는 신의칙에 비추어 누가 직접 그림을 그렸는지, 즉 친작(親作) 여부를 고지하여야 할 의무가 있다는 점에 긍정했다. 따라서 갑이 이러한 고지의무를 지키지 않아서 구매자를 기망했고, 구매자는 이렇게 구매하게 된 것에 대해서 착오를 일으켰기 때문에 사기죄가 성립된다고 보았다.

2) 항소심[17] 판결 요지

을과 병은 갑의 창작물에 대한 아이디어를 구현해주는 기술적인 보조자에 지나지 않고, 자신의 예술적 관념, 화풍, 기법을 구현한 미술 작가는 아니다. 갑이 '화투'를 소재로 선택하여 작품 활동을 한 것은 갑의 고유한 의도다. 을, 병의 작업 실력은 갑이 보조자인지 혹은 작가인지 구별하는 것과는 별개의 일이다. 보조자를 사용하여 미술 작품을 하는 것은 법률적 판단 사안이 아니다. 구매자에게 을과 병을 사용하여 작품 활동을 하였다는 사실을 고지할 의무가 없다고 보인다. '친작'인지의 여부는 구매 조건으로 필요한 정보가 아니며, 고지의무를 전적으로 작가에게 부담하는 것도 적절하지 않다. 그리고 구매자의 주관적인 의도를 일률적으로 말할 수 없다. 그리고 고지의무와 관련된 내용을 알려야하는 주체, 방법, 시기 등도 불명확하다. 더 나아가 구매자들이 친작으로 오해하는 착오에 빠져서 미술 작품을 구매하였다고 단정할 수 없다. 때문에 범죄의 증명이 없는 때에 해당[18]되어 무죄를 선고하였다.

3) 대법원 판결 요지

대법원[19]은 고지의무에 관한 입증책임이 검사에게 있다고 전제한다. 보조자를 사용하는 행위를 고지하는 것이 관행일 때, 만약 구매자가 그 사실을 인지했다면, 구매하지 않았을 것이라고 확신할 수 있을 때 기망행위에 해당한다. 그리고 권리침해에 해당하는 저작권 문제가 아니라면, 법원은 미술 작품의 가치 평가를 자제해야 한다는 '사법 자제원칙'을 지켜야 한다고 판시하였다. 그리고 이 사건에서 검찰에서 저작권법 위반 사건으로 공소를 제기하지 않았기 때문에 불고불리의 원칙[20]에 반하는 것이다.

4. 소견

대법원의 판결이 나온 후 미술계나 예술계의 구체적인 반응은 다양하였다. 이러한 결론에 허탈해하는 사람이 있고 당연한 결과라고 말하는 사람도 있을 것이다. 문화예술계, 특히 미술계에선 앞으로도 논란이 지속될 것이다.

우선 우리 사회에서 문제가 되지 않았던 대작과 관련하여 사회적 이슈가 되고, 이에 대한 법률적 판단까지 오게 된 것은 진일보한 현상이라고 생각한다. 하지만 최근 판결을 보면서, 진부하지만 여러 질문이 떠올랐다.

"예술이란 무엇인가?"

"창작이란 무엇인가?"

"창작행위의 본질은 무엇인가?"

"창작행위의 의미와 범위는 어디까지인가?"

"예술이나 창작에 있어서 아이디어는 어디까지 보호되어야 하는가?"

"현대미술의 의미는 무엇인가? 나아가 저작권 제도의 의미를 어디까지 두어야 하는가?"

"법률로써 예술을 평가하거나 재단할 수 있는가?"

"이러한 문제에서 법률가는 무엇을 할 수 있는가?"

이러한 갈등이 전통적인 미술사조와 현대적인 미술사조와의 괴리에서 오는 것일 수도 있다. 어쩌면 진정한 의미에서의 전통 미술과 현대 미술은 본질적으로 동일할지도 모르겠다. 미적 비차별주의의 발로 또는 예술적 평등주의를 의미하는 것일 수도 있다. 그러나 단순한 아이디어와 개념만으로 예술 작업을 할 수 있다는 것은 창작행위에 모종의 권리를 부여하여야 하는 입장, 즉 규범학의 입장에서는 다소 낯설며, 위험하다는 생각이 들기도 한다.

대법원의 판결문에서 밝혔듯, 미술 작품의 가치평가 등에 관해서는 전문가의 의견이 존중되어야 하고, 법원은 가치판단을 자제해야 한다는 주장은 옳다고 생각한다. 법률가가 미술가의 작품가치를 판단하는 것은 위험하다는 점을 설시한 것도 의미가 있다고 본다. 이러한 취지의 판결은 이미 미국에서 1903년도의 연방대법관 홈스가 다음과 같이 판시한 적이 있다.[21]

"법률만을 훈련받은 사람이 예술을 판단하는 것은 매우 위험한 일이다(It would be a dangerous undertaking for persons trained only to the law to constitute themselves final judges of the worth of pictorial illustrations, outside of the narrowest and most obvious limits)."

IX
박물관 전시품을 촬영하여
인터넷에 게재한다면

1. 들어가면서

우리는 종종 여행길에서, 혹은 시내의 공공미술관이나 개인 미술관, 박물관에서 마음에 드는 작품이나 전시물이 있으면 사진기로 찍어서 자신의 SNS에 올리기도 한다. 심지어는 그 작품 옆에서 자기가 나온 인증사진을 찍어 올리기도 한다. 이러한 행위가 저작권법이나 민법 규정에 비추어 보면 어떤 의미를 가지는 지에 대해, 독일의 연방대법원의 판결[22]에 나타난 사안과 법리를 중심으로 살펴보고자 한다. 이러한 유형의 사건이 아직 우리나라에서 문제가 된 적은 없는 것 같아, 특히 예술가나 큐레이터와 같은 직종에 종사하시는 분들의 이해를 위해서 소개하고 싶은 마음도 있다. 다만, 우리나라 법률과 독일 법률은 내용에 있어서 차이가 있기 때문에 독일 연방대법원의 판결이 우리나라에서의 결론과 유사하거나 같을 것이라고 단정지으면 안 된다는 점을 앞서 일러두고자 한다.

2. 사실관계

1) 원고는 독일 만하임에 있는 라이스 엥겔호른 박물관(Reiss-Engelhorn-Museum)을 운영하고 있다. 원고는 1992년도에 박물관 수집물인 회화와 조각에 관한 사진들을 출판물로 공표하였다. 원고는 이 사진에 대한 이용권한이 있는 사람이다. 사진의 대상인 회화와 조각은 저작권보호기간이 경과되어 저작권법으로 더 이상 보호되지 않는다. 즉 일반대중이 자유롭게 사용할 수 있다.

2) 피고는 2007년 원고의 박물관을 방문했을 때 원고가 소유권을 가지고 있고 공중이 자유롭게 사용할 수 있는 예술저작물의 사진을 촬영했다. 또한 피고는 사진으로 된 자료를 모두 인터넷포털 위키피디아와 연결되어 있는 매체데이터베이스인 위키미디어 코먼스에 업로드하였다.

3) 원고는 스캔이 되어 업로드된 사진들이, 자신이 출판물에 모사한 사진에 대한 저작권을 침해하였다고 주장했다. 더 나아가서 원고는 피고가 원고의 박물관에 전시된 예술저작물의 사진을 촬영

한 것은 원고와 피고가 체결한 관람계약과, 해당 계약으로 성립하고 있는 사진촬영금지를 위반하였다고 했으며, 이 외에도 예술저작물에 관한 소유권을 침해하였다고 했다.

4) 원고는 피고가 스캔한 사진들에 공중이 접근하는 것을 중지하고, 박물관에서 피고가 완성한 사진들 및 재판상 변호사 비용에 대한 보상을 청구하였다.

5) 지방법원[23]은 소를 인용하였다. 피고의 항소는 기각되었다. 피고는 항소법원[24]이 허락한 상고를 하면서 원고가 청구한 것을 기각하고 더 나아가서 소를 기각해 달라는 청구를 하고 있다.

3. 쟁점

사안은 단순해 보이지만 법률적으로는 많은 쟁점들을 가지고 있다.

- 소송물이 무엇인지(다투는 대상이 무엇인지 하는 문제)
- 원고의 책에 있는 사진을 다시 사진으로 찍은 것이 보호받는 사진에 해당되는지
- 원고가 이미 저작권 보호기간이 지난 회화 작품들을 찍은 사진

을 전시하고 있는 사진을 찍어서 인터넷에 게재한 것이 원고의 소유권을 침해하는지

- 관람객이 박물관에 방문하면서 사진촬영금지라고 되어 있는 관람 조건, 또는 이용규정을 위반하여 사진촬영을 한 것이 계약위반인지
- 박물관 이용규정이 소위 약관에 해당되는지
- 헌법적으로는 박물관이 공공기관인 경우 이러한 사진촬영금지가 헌법이 보장하는 정보의 자유를 침해하는 것은 아닌지
- 소유권은 이러한 경우에 사회적 구속성은 없는 것인지

에 관한 쟁점이 사안에 숨어 있다. 재미있는 것은 독일에서는 우리나라와는 달리 사진저작물과 사진을 구별하여 보호하고 있다는 점이다. 이 글에서는 창작과 관련된 문제를 다루려고 한다. '독일 저작권법에서 말하는 사진저작물과 사진은 어떠한 관계가 있는지'와 '사진촬영금지라고 표시된 것의 의미는 무엇인지'에 관해서 간략히 설명하고자 한다.

4. 사진저작물과 사진

독일에서는 한국과 달리 사진저작물(Lichtbildwerk)과 사진(Lichtbildschutz)을 구분하여 보호하고 있다. 사진저작물은 독일 저

작권법 제2조 제1항 제5호, 제2항을 통해서 보호받고 사진은 제72조에 의해서 보호받는다. 사진저작물은 보호기간이 70년인데 반해 사진은 50년이다. 따라서 독일에서는 사진저작물과 사진을 구별할 실익이 있다. 반면 국내에서는 사진저작물만 있고 사진은 따로 보호하지 않는다. 사진은 본 사건에서 같이, 전시된 작품의 사진을 찍는 것과 같은 것이다. 사진이 사진저작물이 되기 위해서는 창작성이 필요하다. 저작권이 발생하는 사진저작물로서 성립하기 위해서는 다음과 같은 요건이 필요하다.

우선, 창작물의 성립요건을 충족시켜야 한다. 간략히 요약하면, 인간의 사상과 감정을 창작적으로 표현하여야 한다는 것이다. 또한 사진저작물이 되기 위해서는 사진 피사체의 선정, 구도의 설정, 빛의 방향과 양의 조절, 카메라 각도의 설정, 셔터의 속도, 셔터찬스의 포착, 기타 촬영방법, 현상 및 인화 등의 과정에서 촬영자의 개성과 창조성이 인정되어야 된다. 이러한 점을 요구하는 것은 한국과 독일, 일본이 거의 비슷하다. 차이점이 있다면 우리나라에서는 브로마이드 사진이나 광고용 사진 등이 사진저작물로서 보호받기 힘들지만 독일의 경우에는 사진저작물은 아니라고 하더라도 사진으로서 보호받을 가능성이 있다. 그렇지만 독일에서도 대상을 충실하게 표현하려고 하는 것은 사진으로서 보호받지 못한다.

사진예술에 다소 부가적인 요건을 요구하는 이유는 사진저작물이 사진기라는 기계를 통해서 직접적으로 제작된 창작물이기 때문이다. 물론, 사후작업이나 촬영기법의 다양성 등을 거쳐 창작성이 발현되기는 하지만, 이는 기계를 통해 창작작업이 이루어진다는 점에서 단순히 인간의 노동력만으로 이루어지는 예술과는 차이점이 존재한다. 사진이 발명된 당시의 미술계가 충격을 받은 것도 놀라운 일이 아니다.

본 사안에서, 원고가 출판한 책에 나온 사진을 촬영한 것과 박물관에 전시된 사진을 촬영한 사진들은 모두 독일 저작권법에 따르면 보호대상이 된다. 필자의 생각으로는 우리나라에서 이러한 결론에 이를지는 다소 의문스럽다. 우리나라 대법원의 판결 취지에 비추어 보면 대상을 충실히 재현하는 것에 지나지 않는다고 볼 가능성이 높다. 물론, 구체적인 사안에서 개별적으로 판단되기 때문에 섣부른 이야기일 수도 있다. 한국에서는 광고 전단지에 햄제품을 충실하게 표현한 사진에 대해 비록 사진작가가 작성하였다고 하더라도 창작성이 없다고 보고 사진저작물로 인정하지 않은 사례도 있기 때문이다.

여기서 한 가지 의문이 들 수 있다. 사진저작물과 사진은 무엇을 기준으로 하여 나눌 수 있는 것이냐는 점이다. 위에서 언급한 바와 같이, 우리나라에서는 작품 자체의 창작성 외에 사진을 촬영할 때의 각종 요소가 더해진 작품만을 사진저작물로 보호한다. 그러므로 제품을 충실하게 표현한 사진은 사진저작물에 해당되지 않는다. 이 점에 관해서는 우리나라에서 아직 많은 논의가 이루어지지 않고 있고, 입법적인 결단이 요구된다고 말할 수 있다.

5. 소유권침해와 계약위반의 점

관람객이 박물관 또는 미술관을 입장할 때 '사진촬영금지'라는 문구 또는 사진촬영을 금지한다는 취지의 사선을 그은 표지를 보았음에도 불구하고 사진을 찍었다고 가정해보자. 이 경우에 박물관 또는 미술관 소유자의 소유권을 침해하는지 여부와 관람계약 위반 여부를 두고 문제삼을 수 있다. 하지만 박물관이 공공기관인 경우 시민의 일반적인 정보의 자유 등을 침해하지 않는지에 대한 의문도 생길 수 있다. 여기서는 우선, 일반인의 박물관을 방문할 때에 발생하는 관람계약의 성격을 먼저 알아보자.

관람계약은 박물관의 이용규정에 따라 맺어지는 계약이다. 그런데 이용규정의 성격이 문제된다. 특히 '사진촬영금지'라는 문구나 지시표지가 있는 경우 이러한 것도 계약의 한 내용으로 포섭되기 때문에 관람객이 이 규정을 지켜야 하는지에 관한 문제가 발생한다. 이용규정은 독일 연방대법원이 밝힌 바와 같이 일반거래약관에 해당된다. 한국에서도 마찬가지로 '보통거래약관', 즉 약관에 해당된다. 약관의 특징은 개별 계약이 아니라 대량으로 발생하는 계약과 관련된다. 우리가 흔히 경험할 수 있는 것은 은행과의 거래, 보험거래, 인터넷에서 거래할 때에 작은 글씨로 빽빽하게 적어 놓은 계약 조항이다. 이러한 계약조항은 약관이라고 말할 수 있다. 이용자는 대부분 읽어보지도 않고 서명한다. 인터넷의 경우에는 '예'라고 표시된 버튼을 누르지 않으면 다음 단계로 진행되지 않도록 되어있다. 그렇다고 이용자가 개별적으로 새로운 내용으로 계약을 체결하자고 하면 아마도 거절당할 것이다. 수많은 사람과 개별 계약을 맺을 수 없기 때문이다. 따라서 관람료를 내고 입장하면서 동물동반금지 또는 흡연금지, 소란행위금지, 사진촬영금지 등의 내용을 그림으로 표시해 놓은 경우, 입장객은 이러한 조건 하에서 관람하겠다는 것에 동의한 것으로 보아서 이러한 계약 조건으로 관람계약이 체결되었다고 보는 것이다. 따라서 관람객은 전시물을 박물관이나 미술관으로부터 개별적인 허락을 받지 않고 촬영하면 계약위반이 되는 것이다. 또한 이러한 계약조건이 표시되어 있는 그림들을 관람객이 보았다면 상식에 비추어 사진촬영이나 동물과 동반 입장을 금지하였다는 것을 인식하였다고 보는 것이 합리적인 해석이다. 개별적으로 사진촬영을 허용한다거나 사진촬영을 하고자 하는 사람이 운영자로부터 허락받아야 한다는 문구가 없다고 하더라도 이러한 계약 내용이 불명확하다고 말할 수 없다.

그리고 박물관 및 미술관 운영자는 예술품의 보호, 관람질서 유지, 다른 관람객의 관람이익 보호, 박물관의 고유한 이익, 박물관의 사회적, 문화적 기여 등의 의무를 준수해야 한다. 따라서 전시된 저작물의 저작권법을 위반하는 행위를 금지할 필요가 있고 사진불빛으로 작품이 손상되는 것을 방지할 필요도 있으며 삼각대를 이용하여 작품을 촬영하는 것으로부터 또한 보호하여야 하는 것이다.

이러한 결론은 우리나라에서도 크게 다르지 않을 것이다. 그리고 한국의 저작권법 관점에서 보면 저작권이 존속하는 저작물을 촬영하여 인터넷에 올리면 복제권과 전송권을 침해하였다고 판단될 가능성이 높고 관람계약위반에도 해당될 것이다. 다만, 관람료를 내고 입장하였다면 주거침입, 주거방해 등에는 해당되지 않을 것으로 보인다.

6. 나가면서

단순해 보이지만 법률적으로 여러 쟁점이 있고, 박물관이나 미술관의 사회적 기능과 관련하여 논의할 사항이 많이 있다는 것을 확인할 수 있는 사례이다. 분명한 것은 본 사례와 같이 타인의 저작물을 함부로 촬영하거나 이를 인터넷에 올리면 안 된다는 점이다. 비록 그것이 선의이거나 공공적인 목적을 위한 행위라고 하더라도, 저작권자 창작자로부터 동의와 승인을 받는 것이 우선이다. 그것이 창작자에 대한 최소한 사회적 예의이며 창작자를 존중하는 태도라고 생각한다.

X

방탄소년단(BTS) 초상 등의 보호 근거

1. 들어가면서

요즈음 "방탄소년단을 모르면 간첩이다.", 조금 더 과장해서 "지구인이 아니다."라고 해도 될 정도로 BTS는 글로벌 스타가 되었다. 특히 팬클럽인 아미의 존재 때문에 더욱더 세계적인 화제가 되고 있고, 국경과 종교, 인종 등을 넘어서서 사랑과 관심을 받고 있다. 이렇게 문화에 대한 반응으로서 나타난 팬덤(fandom) 현상은 문화 그 자체도 중요하지만, 사업을 하는 사람들에게는 이것이 또한 하나의 사업 아이템이 되고 자신의 상품을 홍보하는 수단이 된다. 예를 들면, 식당에 갔을 때 유명인, 특히 연예인(법률에서는 연예인을 '대중문화 예술인'으로 지칭한다)이 다녀갔다는 서명 등을 많이 볼 수 있고, 특정 영업에 특정 연예인이 연상되거나 이미지가 떠오르도록 하는 경우도 많이 볼 수 있다. 이런 경우에는 연예인의 이미지, 이름, 얼굴(초상), 목소리 등은 모두 영업의 한 수단으로 사용되고 있는 것이다. 이렇게 연예인의 자기 동일성(identity)을 영업에 이용하게 할 수 있는 힘 또는 권리를 소위 '퍼블리시티권(right of publicity)'이라고 한다.

21세기가 되면서 한류문화는 중국, 일본, 동남아시아에서 유행을 하였고, 이제는 이슬람 문화권과 유럽 등에서도 인기를 끌면서 우리나라에서의 유명인 특히, 연예인을 중심으로 퍼블리시티권을 보호해달라는 요구가 끊임없이 제기되어 오고 있다. 이러한 와중에 올해 우리나라 대법원[25]에서 방탄소년단의 활동과 관련된 사진집 등을 특별호로 낸 출판사를 상대로 도서출판금지 등의 가처분 신청을 제기한 방탄소년단 소속사인 빅히트엔터테인먼트사의 신청을 인용한 사건이 있었다.

2. 사건의 개요

채권자[26]인 빅히트엔터테인먼트사(이하 '채권자'라고 한다)는 방탄소년단의 소속사이다. 채권자는 연예인 매니지먼트·음반 제작·공연 기획 등 엔터테인먼트 사업을 하는 회사이다. 채권자는 2011년 오디션을 통해 7명을 선발하여 '방탄소년단'을 결성하였다.

채권자는 2012년 6월 12일 방탄소년단 구성원들과 전속계약을 체결하였다. 계약 체결 내용 중에는 방탄소년단 구성원 전체의 공연, 광고 촬영, 방송 출연을 비롯한 대중문화예술인으로서의 활동 전반을 기획 및 관리하고, '방탄소년단'의 앨범, 공식 화보집, DVD 기타 콘텐츠를 상업적으로 기획·제작·유통·판매 등을 하며, 다수의 기업들과 '방탄소년단'이 출연하는 광고계약을 체결하였다. 계약의 내용으로서 갑 즉 '빅히트엔터테인먼트가 방탄소년단의 성명·초상 등의 동일성(identity)을 이용할 권한을 가진다.'라고 규정하고 있다.

그리고 채무자인 엠지엠미디어(이하 '채무자'라고 한다)는 연예인들의 사진, 기사 등을 주요 내용으로 다루는 '스타포커스' 등을 제작·판매하는 회사이다. 채무자는 2019년 1월 17일경부터 '스타포커스 특별판(스타포커스 스페셜 매거진)'을 발매하면서 'BTS Limited Magazine'(화보집), 'BTS History 심층취재판'(부록), DVD, 방탄소년단 구성원들의 사진이 포함된 포토카드를 포함시켰다. 그런데 채무자가 제작하여 판매하는 잡지의 보통 때의 가격은 15,000원인데 반하여, 문제가 된 사건의 '방탄소년단 특별판(부록 포함)'의 판매가는 43,000원이었다. 더 나아가서, 채무자는 2018년 11월 22일에 채무자 홈페이지에 '스타포커스 특별판'의 발매 예정을 소개하였고, 특별판의 영문으로 제작한 소개글도 제작하여 게재하였다.

이에 채권자는 2018년 11월 24일에 채무자를 상대로 도서출판금지 등의 가처분 신청을 하였다. 법원[27]은 채무자의 행위가 부정경쟁방지법 제2조 제1호 카목(현재는 타목으로 조문의 위치가 변경되었다.) 또는 민법상 불법행위에 해당할 개연성이 있다는 이유로 화보

집과 방탄소년단 구성원의 초상·예명·본명·영문명을 이용한 화보
집·DVD·블루레이 디스크·스틸사진·브로마이드·포스터·사인지의
인쇄·제본·제작·복제·배포·판매·수출을 금지하는 결정을 11월 30
일에 내렸다. 이에 채무자는 위의 가처분 결정을 취소하는 취지의
가처분이의신청을 하였다. 이후 1심[28] 및 항소심[29], 대법원[30]에서
모두 채권자의 손을 들어주는 결정을 하였다.

3. 결정[31]의 요지

법학 전공자라고 하더라도 이 결정들을 이해하는 데에 어려움이
있다. 왜냐하면 기초적인 민사법 내용이라기보다 지식재산권과 부
정경쟁방지행위, 인격권, 헌법 등에 관한 기초지식을 구비하고 있
어야 되기 때문이다.

1심에서는 퍼블리시티권이 아니라 부정경쟁행위(이는 「부정경쟁방
지 및 영업비밀보호에 관한 법률」에 규정되어 있는 부정경쟁방지금지행위를
말한다)금지행위를 위반하였다는 취지로 채권자의 손을 들어주었
다. 항소심에서는 1심 결정 중에서 부록 부분에 대해서는 채권자의
손을 들어주었지만, 나머지 부분에 대해서는 채무자의 의견을 들었
다. 채무자는 연예인의 사진, 기사 등을 통해서 연예인의 활동에 대
한 정보를 대중에게 알리는 잡지를 발행·판매하는 것을 업으로 하
는 언론기관의 한 유형이다. 따라서 언론의 자유의 한 유형으로서

통상적인 잡지의 보호 범위 내지 언론·출판 등 표현의 자유가 허용하는 범위 내에서는 연예인의 초상, 이름 등이 포함된 상품을 부록으로 제공할 수 있다고 보았다. 대법원은 앞서 언급한 부정경쟁방지법의 제2조 제1호 카목에 해당된다고 보았다. 카목[32]의 법적 성격에 대해서,

"새로이 등장하는 경제적 가치를 지닌 무형의 성과를 보호하고, 입법자가 부정경쟁행위의 모든 행위를 규정하지 못한 점을 보완하여 법원이 새로운 유형의 부정경쟁행위를 좀 더 명확하게 판단할 수 있도록 함으로써, 변화하는 거래관념을 적시에 반영하여 부정경쟁행위를 규율하기 위한 보충적 일반조항"

이라고 판시하였다. 그리고 채무자의 행위는 이 조항에 해당된다고 보아 채무자의 행위는 방탄소년단의 명성에 비추어 보면 채권자의 화보집 등과 경쟁관계 등에 있고, 성과침해금지를 위반한 것이라고 보았다. 법학을 전공하지 않은 일반 독자의 경우에는 다소 생소한 개념과 이론이라고 생각될 수 있다.

4. 해설

1) 퍼블리시티권의 의미

앞서 1심, 항소심, 대법원 결정문 등에서는 퍼블리시티권이라는 용어 또는 이에 관한 이론이 등장하지 않는다. 일반적인 부정경쟁 방지행위에 해당된다고 보고 있다. 그렇지만 퍼블리시티권의 법적 성격에 대해서 한 번 생각해 볼 필요가 있다. 한편에서는 소위 퍼블리시티권은 일반적인 재산권, 예를 들면 아파트에 대한 소유권, 창작물인 시에 대한 저작권 등과 같은 일정한 재산에 대한 권리와 비슷한 것이라고 생각하는 견해가 있다. 즉 유명인의 초상과 이름 등을 이용해서 대부분 광고를 비롯한 상업적 용도에 사용하고 있으므로 이러한 유명인의 이름과 초상 등이 가지는 경제적 힘 또는 고객 흡인력(good will)은 마치 앞서 언급한 소유권과 저작권 등이 가지는 경제적 가치와 다를 바가 없기 때문에 보호되어야 한다는 견해이다. 이를 재산권설이라고 한다. 다른 한편에서는 퍼블리시티권이 문제되는 사안이 유명인인 경우가 대부분이고, 유명인의 초상, 성명, 이미지 등을 상업에 이용하지만 사람 그 자체에서 출발하기 때문에, 즉 사람의 인격에서 출발하고 사람의 인격적 요소인 성명, 초상 등을 이용하기 때문에 인격적 측면을 강조하는 입장이다. 이 두 가지 입장(학설)의 차이점은 보호기간 설정, 상속과 양도가 되는지, 포기가 되는지 여부 등이기 때문에 논의의 실익이 있고, 어느 입장을 취하느냐에 따라 가는 방향이 확실히 다르다.

2) 부정경쟁방지행위의 의미

그런데 방탄소년단과 관련된 소개 사안에서는 퍼블리시티권으로 보지 않고, 법에서 금지하고 있는 행위인 부정경쟁행위, 즉 "타인의 상당한 투자나 노력으로 만들어진 성과 등을 공정한 상거래 관행이나 경쟁질서에 반하는 방법으로 자신의 영업을 위하여 무단으로 사용함으로써 타인의 경제적 이익을 침해하는 행위"를 위반하였다고 보고 이를 바탕으로 논리를 구성하고 있다. 빅히트엔터테인먼트사가 그동안 이룩해 놓은 방탄소년단의 명성과 노력, 투자한 가치 등이 사회적으로 뿐만 아니라 법률적으로도 보호할 가치가 있다고 보는 것이고, 이러한 보호가치가 있는 어떤 것을 제3자가 무단으로 사용하는 경우 앞서 언급한 성과보호위반을 한 행위로서 마치 타인의 재산권인 소유권 등을 침해한 행위와 같다고 보는 것이다.

5. 생각해 볼 점

1) 언론의 자유·표현의 자유

언론과 방송기관에서는 유명인의 얼굴, 성명, 이미지 등을 사진과 기사를 이용하여 신문, 잡지 등을 발행하거나 방송하게 되는데, 언론보도나 방송할 때에 모두 유명인으로부터 또는 그 소속사로부터 허락받아야 하는가 하는 점이다. 그렇지는 않다. 언론기관이나 방송기관에서 유명인을 취재하여 일반 대중에게 알려줄 책무도 있다. 유명인인 정치인, 연예인, 스포츠 스타 등은 대중의 관심을 받는 사람들이기 때문에 일반인들과는 다소 좁은 영역의 프라이버시권을 가진다고 보면 된다. 하지만 유명인의 초상등을 상업적으로 이용하고자 할 때에는 미리 허락받아야 한다.

2) 어떠한 행위는 침해행위가 되지 않는가?

법조문과 대법원에서 판시한 내용만을 보면 언론기관 등이 어떠한 행위를 하여야 침해행위가 아닌가에 대한 판단을 하기가 어려울 수 있다. 법이 행위규범에 대한 방향이나 내용을 알려주어야 하는데 일반조항의 특성상 일반인이 어떠한 행위를 하여야 하는지에 관해서 알 수가 없다는 점이 맹점이다. 즉 분쟁이 발생하여 법원의 최종 판단이 나오기 전에 서로 자신의 행위가 정당하다고 생각할 수 있다는 점인데, 나중에 어떤 이의 행위가 성과보호침해라고 판단된다면 개인의 입장에서는 법규범에 대한 불안감이 생길 수 있다. 규범을 지켜야 하는 수범자의 입장에서는 자신의 행위를 어떻게 하여야 할 지에 대한 불안감이 생기게 된다. 이는 사회적 안정성을 해치는 것이기 때문에 일반조항을 근거로 재산권침해를 논의하는 것은 가능하면 지양되어야 한다.

XI
저작권 침해와 민사구제

1. 들어가면서

전공이 지식재산권법 중에서 저작권법이 주 전공이라서 그런지 또는 학교에 있다 보니 자신의 행위가 저작권을 침해한 것인지 또는 타인의 저작권을 침해했다고 연락 또는 경고장을 받았다고 연락받거나 의견을 물어보는 경우가 있다. 특히 창작을 직업으로 하는 사람들, 예술가, 문학가, 방송, 광고, 음악, 미술 등에 종사하는 사람들뿐만 아니라 교육, 언론, 영화 등의 분야에서도 표절시비, 저작권침해 시비가 많이 발생한다. 따라서 창작에 종사하거나 창작물을 가지고 영업 활동을 하는 사람은 반드시 저작권과 관련된 권리처리 또는 권리를 확보해 놓고 사업을 진행하여야 한다. 인터넷에 있는 사진, 그림, 음악이라고 해서 '마음대로 사용하여도 된다.' 또는 '무료이다.'라고 생각하거나 또는 '많이 사용해서 알려주는 것이 창작자도 원하는 것일 것이다.'라고 생각하는 것은 정확한 오해이다. 예를 들면, 최근에 유명한 유튜버들이 저작권이 있는 음악을 배경음악으로 무단 사용하다가 사이트가 폐쇄되거나 손해배상을 한 사안이 있다. 그리고 "권리위에 잠자는 자는 보호하지 않는다."라는 독일 법학자의 법언을 상기시키고 싶다.

2. 저작권 침해와 민사적 구제

저작권자는 자신의 저작권을 침해당했을 때 기본적으로 민사적 구제와 형사적 구제를 받을 수 있는 권리를 가지고 있다. 형사적 구제는 수사기관에 저작권 침해에 대해서 고소 · 고발을 하는 것이어서 굳이 많은 설명이 필요하지 않다고 생각된다. 기본적으로 민사적 구제가 우선적으로 청구되어야 한다. 저작권 침해를 형사사건화하는 것은 사회적으로 결코 바람직하지 않다.

1) 민사적 구제
(1) 침해정지청구권 등
민사적 구제에는 침해정지청구권 등과 손해배상청구권, 명예회복에 필요한 조치청구권이 있다.
먼저 침해정지청구권은 자신의 저작권을 침해한 자에 대하여 침해를 정지할 것을 청구할 수 있는 권리이다. 자신의 소설을 몰래 복제하여 판매하고 있는 사람에게 소설의 복제와 판매를 하지 말라고 청구할 수 있는 권리이다. 어쩌면 침해당하는 당사자에게는 당연하다고 생각되는 권리이기도 하다. 그리고 침해 할 우려가 있는 경우에는 침해의 예방 또는 손해배상의 담보를 청구할 수 있다. 현실적으로 침해가 발생하지 않았지만 가까운 시간 내에 침해할 우려가 있다고 판단될 때에 침해예방 또는 손해배상담보를 청구할 수 있다. 여기서 '우려가 있다'는 의미는 단순하게 침해의 가능성이 있다는 것만으로 부족하고 침해행위가 발생할 가능성이 높은 경우이다. 예를 들어 과거에 침해행위가 이루어졌거나 현실적으로 침해가 이루어지고 있다면 우려가 있다고 말할 수 있다. 앞의 예에서 자신의 소설을 책으로 제작하여 판매할 가능성이 높은 경우에 미리 책을 제작하여 팔지 말라고 청구할 수 있는 권리이다.

그런데 이 청구권 등이 성립하기 위해서 주관적 요건으로서 고의·과실은 필요하지 않다. 고의라는 것은 쉽게 이야기하면 타인의 저작권을 침해하는 것인 줄 알면서 하는 것이고, 과실은 사회생활에서 요구되는 평균인의 주의의무를 지켰다면 충분히 저작권침해라는 결과를 피할 수 있는 것을 말한다. 침해정지청구권 등의 행사에는 이러한 고의·과실이 필요하지 않다. 이 부분은 어려운 법률적인 기초지식과 이해가 필요하다. 예를 들어 설명하면, A라는 사람이 강원도 산골짜기에 살고 있어서 부산에 살고 있는 B의 작품을 전혀 볼 기회가 없었고, B를 알지 못하지만 A가 작성한 소설과 B가 작성한 소설이 거의 비슷할 경우, 즉 A에게 B의 저작권을 침해할 고의나 과실이 전혀 없는 경우에라도 B는 A의 저작권침해를 주장할 수 있다. 이런 경우에 A는 오히려 자신이 B의 저작물에 접근하였거나 B의 저작물을 참조해서 소설을 작성하지 않았다는 것을 입증하여야 한다. A가 입증에 실패한다면 B의 저작권침해에 대한 책임을 부담하여야 한다. 어려운 법률용어를 사용하면 A가 선의 · 무과실이라고 하더라도 앞서 언급한 침해정지등 청구권의 대상이 된다.

그리고 이러한 청구를 할 때에 침해행위에 의하여 만들어진 물건의 폐기나 그 밖에 필요한 조치를 청구할 수 있다. 소설책을 미리 만들어 놓은 경우에 이를 폐기하거나 팔다 남은 책을 폐기하라고 청구하는 것이다. 물론 만든 물건 등은 형법상의 몰수 대상이 되기도 한다.

(2) 가처분 신청

앞에서 언급한 침해정지청구권, 침해예방청구권, 손해배상담보청구권, 폐기 등 필요한 조치청구권 등은 주장을 통해서도 할 수 있지만, 대부분 소송을 제기하는 것이 일반적이다. 그리고 침해정지청구권의 행사 등에는 긴급을 요하는 경우가 많기 때문에 먼저 가처분 신청을 하는 경우가 보통이다. 지식재산권과 관련된 분쟁사안에서는 가처분의 신청 단계에서 대부분 소송의 승패가 나는 경우가 많다. 그렇다고 하여서 본안소송에서 반드시 그대로 결과가 이어진다는 의미는 아니다. 본안소송에서 가처분의 기초가 된 사실이나 청구권(이를 법학에서 "피보전권리"라고 한다)이 성립되지 않아서 패소한 경우 가처분 신청자가 피신청인에게 손해배상을 하여야 한다.

(3) 손해배상청구권

침해자가 고의·과실로 저작권을 침해하여 저작권자에게 손해가 발생한 경우 저작권자는 손해배상을 청구할 수 있다. 이는 앞서 언급한 침해정지청구권 등에서 고의·과실을 필요로 하지 않는다는 것과 다른 점이다. 손해배상청구권을 행사하기 위해서는 손해배상을 주장하는 자가 상대방의 고의·과실을 입증하여야 한다. 이 차이점은 법학의 기초이론이면서 중요한 점이기도 한데 여기서는 설명 하지 않는다.

손해배상을 청구하기 위해서는 우선 침해행위가 있어야 하고, 손해가 현실적으로 발생하여야 하며, 침해행위와 손해발생 사이에 인과관계가 존재하여야 한다. 이를 모두 손해배상을 주장하는 자가 입증하여야 한다.

그런데 저작권법 제125조 제4항에는 "등록되어 있는 저작권, 배타적발행권(제88조 및 제96조에 따라 준용되는 경우를 포함한다), 출판권, 저작인접권 또는 데이터베이스제작자의 권리를 침해한 자는 그 침해행위에 과실이 있는 것으로 추정한다."라고 하여 과실추정조항을 두고 있다. 따라서 침해자가 저작권침해의 과실이 없었음을 입증하여야 한다.

손해배상청구권 행사와 관련하여 가장 중요한 것은 손해를 배상

받는 것인데, 손해배상은 현대 사회에서는 금전으로 배상하는 것이 원칙이다. 이를 손해액이라고 부르고 손해액 지급은 현금으로 하는 것이 원칙이다. 그런데 손해액을 입증하는 것도 어렵고, 손해액 산정도 사실상 어려운 경우가 많다. 특히 작품인 경우에는 주관적인 면이 많이 작용하기 때문에 무엇을 기준으로 손해액을 산정하여야 할지 판단하기가 어렵다. 소설인 경우 소설책의 값을 기준으로 한다든지 하는 비교적 객관적 기준이 존재하는 경우도 있지만, 대부분의 작품에 대해서 손해가 무엇인지, 손해액을 어떻게 산정하여야 하는지 어려움이 있을 것이라고 생각된다.

우리 저작권법에는 손해액과 관련해서는 제125조에서 손해액을 추정하는 조항을 두고 있다. 예를 들면 자신의 저작물을 이용허락하였을 경우에 받을 수 있는 이용료를 손해배상액으로 추정하는 것이다. 비교적 쉽게 손해액을 주장할 수 있도록 한 것이다.

그리고 한 가지 오해하지 말아야 할 것이 있다. 저작권침해 사실이 있다고 해서 모두 손해배상청구권이 발생하지 않는다는 점이다. 앞서 언급한 침해정지청구권은 저작권침해가 있으면 바로 행사할 수 있는 권리이지만, 손해배상청구권의 행사에서는 앞서 언급한 각종 요건들을 다 입증하여야 행사할 수 있다. 침해한 사실이 있지만 손해가 발생하지 않을 수도 있기 때문이다. 앞서 언급한 대로 손해액을 입증하여야 하는데 손해가 발생하지 않으면 손해배상청구권이 성립되지 않는다. 이와 관련하여 대법원의 판결도 있다.

그리고 우리가 흔히 위자료라고 부르는 것이 있다. 위자료도 손해배상의 한 유형인데, 정신적 손해에 대해서 배상하는 것이라고 보면 된다. 예를들어 명예나 신체, 인격 등에 대한 침해를 하였을 경우에 배상하는 것이다. 따라서 단순히 재산에 대한 침해인 경우에는 위자료라고 부르지 않는다. 그런데 저작권의 영역에서는 저작인격권을 침해한 경우, 예를 들면, 자신의 작품을 훼손하였거나(동일성유지권), 성명을 엉뚱하게 표시하였거나(성명표시권), 자신이 공표하지 않은 작품을 공표한 경우(공표권), 작가의 작품을 나이트클럽 입간판이나 광고용으로 사용하였을 경우에는 인격권 침해가 성립되어 위자료 청구의 대상이 된다. 따라서 재산권 침해에 따른 손해배상과 인격권 침해에 따른 손해배상은 별개의 손해배상이고 각각 청구할 수 있다. 여기서 또 주의하여야 할 것이 하나 있다. 위자료 청구에는 앞에서 언급한 저작권침해로 인한 손해배상액 추정조항이 적용되지 않는다는 점이다. 따라서 주장하는 사람, 즉 침해를 당한 사람이 위자료의 액수를 주장·입증하여야 한다.

(4) 명예회복에 필요한 조치청구권

저작권법 제127조에서 "저작자 또는 실연자는 고의 또는 과실로 저작인격권 또는 실연자의 인격권을 침해한 자에 대하여 손해배상에 갈음하거나 손해배상과 함께 명예회복을 위하여 필요한 조치를 청구할 수 있다."라고 규정하고 있다. 저작자가 자신의 인격권을 침해당하였을 때 손해배상 외에 필요한 조치를 청구할 수 있다. 주의하여야 할 것은 여기에는 고의·과실을 요건으로 한다는 점이다. 필요한 조치의 내용은 예를 들면 저작자의 이름을 표시하지 않고 저작물을 공표하거나 전시하는 경우 저작자의 이름을 표시하라고 하는 조치를 청구할 수 있다. 또한 저작자의 명예를 훼손하는 방법으로 저작물을 이용하는 경우 사진작가의 사진을 나이트클럽의 입간판으로 사용하는 경우 그 사용을 금지시키는 것을 예로 들 수 있다.

(5) 손해배상청구권과 소멸시효

저작권침해로 인한 손해배상청구권은 영원한 권리는 아니다. 법률용어로 소멸시효에 걸리는 권리이다. 손해배상청구권은 민법 제766조에 따라서 불법행위로 인한 손해배상의 청구권은 피해자나 그 법정대리인이 그 손해 및 가해자를 안 날로부터 3년간 이를 행사하지 아니하면 시효로 인하여 소멸한다. 저작권침해를 피해자가 안 날로부터 3년간 행사하지 않으면 소멸한다. 그리고 불법행위를 한 날, 저작권침해를 한 날로부터 10년 동안 손해배상청구권을 행사하지 않은 경우에도 소멸시효는 완성되어 손해배상청구권을 행사하지 못한다.

XII
미술저작물과 추급권

1. 추급권의 의미

최근에 언론과 방송이 관심을 가지고 있는 것 중의 하나가 미술시장과 관련된 것이다. 우리나라가 경제적으로 부유해짐에 따라 개인들도 예술품, 특히 미술품의 개인적 소장을 원하고 있다. 이에 따라 미술시장은 급격한 성장[33]을 하고 있으며, 일부는 미술품을 예술적 관점보다는 재산의 증식 수단으로 보고 있다.

이렇게 미술시장이 커지고 사람들이 관심을 가지게 되는 것은 문화적인 관점에서 보자면 긍정적인 현상이라고 할 수 있다. 미술시장이 커진다는 것은 미술저작물에 대한 소비가 증가한다는 것이고, 이는 미술품에 수요자들의 문화적 욕구를 해소할 수 있는 기회가 증가하고 있다는 의미이다. 다른 한편으로는 문화의 대중화가 이루어지고 있다는 점이다. 더군다나 미술품의 경우 역사적으로 보면 소수만이 향유 해 왔지만, 이제는 중산층도 미술품의 소유자가 될 수 있다는 점에서 미술품 시장의 잠재적인 성장가능성은 우리가 예상하는 것보다 더 클 수도 있다. 이렇게 문화의 대중화가 이루어지고, 문화수요자들의 문화소비 욕구가 해소되고, 이로 인한 문화시장의 성장 내지 확장을 통한 이익을 창출시키는 것과 같은 것은 결국 문화공급자인 예술인, 미술가 등이 예술창작 활동을 통하여 문화를 공급하고 있기 때문이다.

　문화수요자들은 문화에 대한 욕구를 해소시켜주는 것에 대한 감사의 마음[34]으로 문화에 대한 수요를 통해서 즉 음악회에 갈 때 음악회 입장권을 구입함으로써 또는 소설책을 구입하는 것으로써, 미술품을 구매하는 것으로써 표시를 하고 있다. 이로 인해 문화공급자인 예술가나 미술가, 작가들은 자신의 정신적 노동행위인 문화창작에 대한 보상을 받는다.

　문제는 예술의 창작 분야에 따라 보상의 수준과 내용이 달라질 수 있다는 점이다. 예를 들면, 전통적인 창작자라고 할 수 있는 소설가나 시인, 작곡가 등은 자신의 저작물이 대중들에 의해서 계속적인 관심을 받고 있는 동안은 계속해서 경제적 과실인 수익을 누릴 수 있다. 소설책에 대한 관심이 10년이 지난 후에도 있다면 문화소비자들은 계속해서 소설책을 구입을 할 것이고 소설가는 이에 따른 수입이 계속해서 보장된다. 그러나 미술품인 경우에는 사정이 다르다. 한 번 미술품 원본을 양도하고 나면 그 후에 미술품이 대중의 관심을 가지고 미술품의 가치가 증가되어 전전유통된다고 하더라도 작가에게 수입이 보장되는 것은 아니다. 미술이나 소설이 창작의 분야가 동일하지 않다고 하더라도 미술저작물의 저작자는 여러 가지 면에서 경제적 손해를 본다고 할 수 있다.

이러한 점을 고려한 조치가 소위 추급권이라는 것이다. 우리 저작권법은 아직 이 제도를 입법화하지 않았지만 독일 저작권법 [Gesetz über Urheberrecht und verwandte Schutzrechte(Urheberrechtsgesetz) vom 9. September 1965 (BGBl. I S. 1273)] 제26조에는 추급권(Folgerecht, droit de suite, artist's resale right, resale royalty right)이 규정되어 있다. 물론 추급권에 관한 내용은 베른 조약 제14조의3[35]에도 규정되어 있다. 유럽을 중심으로 하여 상당수의 국가에서 이 제도가 입법화되어 있다. 이하에서는 독일 저작권법 조항을 간략히 소개하고자 한다.

2. 독일저작권법 추급권 조항

독일 저작권법 제26조에는 소위 추급권 조항이 규정되어 있다. 조문의 내용은 다음과 같다.

① 미술저작물과 사진저작물의 원본이 계속해서 양도되고 이에 미술상이나 경매인이 취득자, 양도인 혹은 중개인으로 관여하

면, 양도인은 저작자에게 양도가격 중 일정 지분을 지급해야 한다. 세금이 없는 양도가격은 제1문에서 말하는 양도가액으로 간주한다. 양도인이 사인이라면, 양도인이 취득자 내지 중개인으로 참여한 중개상 또는 경매인은 양도인과 함께 연대채무자로서 책임을 진다. 서로에 대한 관계에 있어서는 양도인만이 책임을 진다. 양도가액이 400유로 미만이라면 제1문에 따른 책임은 면제된다.

② 양도가액지분에 대한 액수는 다음과 같다.

양도가액이 50,000유로까지는 4%

양도가액이 50,000.01유로부터 200,000유로까지는 3%

양도가액이 200,000.01유로부터 350,000유로까지는 1%

양도가액이 350,000.01유로부터 500,000유로까지는 0.5%

양도가액이 500,000유로를 넘을 경우에는 0.25%

계속되는 양도로부터 발생한 추급권에 따른 청구권의 최대액은 12,500유로이다.

③ 추급권은 양도될 수 없다. 저작자는 자신의 지분을 사전에 포기할 수 없다.

④ 저작자는 미술상 혹은 경매인에게 최근 3년 이내에 미술상이나 경매인의 관여 아래 정보 요구 이전 저작자의 저작물원본이 계속해서 양도되었는지에 관한 정보를 요구할 수 있다.

⑤ 저작자의 청구권을 실행하기 위하여 필요한 한도에서, 저작자는 미술상 혹은 경매인에게 양도인의 성명 및 주소 그리고 양

도가액에 관한 정보를 요구할 수 있다. 위 미술상 혹은 경매인이 저작자에게 그의 지분을 지급하였다면, 위 미술상 혹은 경매인은 양도인의 성명 및 주소에 관한 정보를 거부할 수 있다.

⑥ 제4항 및 제5항에 따른 청구권은 저작권단체를 통해서만 행사될 수 있다.

⑦ 제4항 및 제5항 상의 정보의 정확성 혹은 완전성에 관한 의문에 이유가 있는 경우에는, 저작권단체는 보고의무자의 선택에 따라 자신이나 자신이 정한 회계검사인 혹은 공인회계사로 하여금 위 정보의 정확성 혹은 완전성을 확인하기 위하여 필요한 한도에서 영업장부 혹은 기타 문서의 열람을 요구할 수 있다. 당해 정보가 부정확하거나 불완전한 것으로 입증되면, 보고의무자는 위 검사비용을 변상하여야 한다.

⑧ 위 조항은 건축 및 응용미술저작물에는 적용되지 아니한다.

3. 입법취지

독일 저작권법 역사를 보면 1965년도의 개정 독일저작권법에 추급권 조항이 처음으로 규정되었다. 이 저작권법에 관한 1962년도의 개정안[36] 입법이유서에 추급권의 입법 이유를 기재하고 있다.[37] 추급권은 저작권제도로부터 발생한 수익에 대해서 미술저작자가 관여할 수 있게 하여 이익을 조정시키고자 하는 것이다. 작가나 작곡가는 시간이 지나갔다고 하더라도 자신의 저작물의 가치가 높아질수록 출판사로부터 받는 인세가 증가하고, 자신의 저작물로 공연이 행해질 경우에는 공연에 따른 로열티를 받는다. 그러나 미술가의 경우에는 사정이 틀리다. 자신의 창작물원본이 처음으로 양도될 때의 가치만이 자신의 수익이 되고 그 이후의 가치증가에 대해서는 미술저작자는 관여할 수가 없게 된다. 따라서 미술품이 전전유통되면서 미술저작물의 가치가 증가된 경우에 미술품 소유자가 누리는 수익에 참여하고 싶다는 것은 미술저작자의 오랜 관심사였다. 그리고 지금의 시점에서는 미술저작자에게 이러한 정의에 맞지 않는 흠결을 법률상의 청구권으로 보충하려는 것은 정당한 것으로 폭넓게 인정받고 있다고 본 것이다.[38]

또한, 1962년도에 독일의 이웃 국가인 프랑스[39], 이태리, 벨기에의 저작권법에는 이미 추급권이 규정되어 있었고 베른조약에도 이미 추급권에 관한 규정이 있었다.

개정안에서는 추급권 조항이 적용되는 것은 오로지 공개경매를 통한 매매에서만 적용되도록 하고 있는데, 이는 저작자나 저작권단체가 타인의 도움 없이 특히, 예술품거래상 내지 중개상의 저항을 물리치고 관철시킬 수 있기 때문이다. 이러한 안이 제출된 동안에 예술품 중개상의 대표는 오히려 예술가들을 위해서 추급권이 잘 집행될 수 있도록 지지한다고 발표하고,[40] 추급권을 공개경매에서뿐만 아니라 일반 거래에서의 양도에도 적용하자고 제안하였다. 따라서 미술저작물에 대한 추급권이 입법화될 수 있었다.

XIII
편집저작물 일부를 함부로 이용하는 경우

(대법원 2021. 8. 26. 선고 2020도13556 판결)

1. 사안의 개요

피해자 X는 산업안전보건법상 안전보건교육 위탁기관으로서 그 교육용 교재로 이 사건 책자를 제작, 발행하였고, 건설안전기술사로서 강의를 담당한 乙이 안전 파트를 작성하였다. 이 사건 책자의 내용, 乙의 법정진술에 의하면 乙은 위와 같은 교육 강의의 목적에 부합하도록 자신의 건설현장에서의 경험과 지식을 토대로 안전관리 조치, 재해사례 등에 관한 여러 자료와 정보들을 수집, 선별하고 구성하여 이 사건 책자를 기술한 사정이 인정되었다. 이 사건 책자는 기본 내용, 수록된 사진 등 소재 자체는 창작성이 없는 것이라하더라도 소재의 선택, 배열 또는 구성에 창작성이 있는 것으로서 편집저작물에 해당한다. 아울러 피고인들의 책자 중 적어도 범죄일

람표 기재 부분은 이 사건 책자 중 위와 같이 창작성이 있는 부분과 실질적으로 동일·유사하므로 저작권법상의 '복제'에 해당한다.

피고인 甲은 피고인 주식회사 Y의 사내이사로서 대표자이고, 피해자 주식회사 X에서 2016. 7. 13.부터 2017. 6. 30.까지 강사로 근무한 바 있다.

피고인 甲은 2017년 7월경 주식회사 Y에서, 피해자 X에서 교육용으로 제작한 '건설업 기초안전보건교육' 교재 77페이지 분량 중 8페이지를 복제함으로써 피해자 X의 저작권을 침해하였는지 여부가 문제된 사안이다.

이에 1심[41]은 저작권법위반으로 벌금 300만원을 선고하였고, 원심[42]은 피고인들의 항소를 기각하였다. 이에 대하여 피고인들은 대법원에 상고하였다.

2. 대법원 판결의 요지

편집물이 저작물로서 보호를 받으려면 일정한 방침 내지 목적을 가지고 소재를 수집·분류·선택하고 배열하여 편집물을 작성하는 행위에 창작성이 있어야 하는바, 그 창작성은 작품이 저자 자신의 작품으로서 남의 것을 복제한 것이 아니라는 것과 최소한도의 창작성이 있는 것을 의미하므로 반드시 작품의 수준이 높아야 하는 것은 아니지만 저작권법에 의한 보호를 받을 가치가 있는 정도의 최소한의 창작성은 있어야 한다. 편집물에 포함된 소재 자체의 창작성과는 별개로 해당 편집물을 작성한 목적, 의도에 따른 독창적인 편집방침 내지 편집자의 학식과 경험 등 창조적 개성에 따라 소재를 취사선택하였거나 그 취사선택된 구체적인 소재가 단순 나열이나 기계적 작업의 범주를 넘어 나름의 편집방식으로 배열·구성된 경우에는 편집저작물로서의 창작성이 인정된다.

저작권의 침해 여부를 가리기 위하여 두 저작물 사이에 실질적인 유사성이 있는지를 판단할 때에는 창작적인 표현형식에 해당하는 것만을 가지고 대비해 보아야 한다. 이는 편집저작물의 경우에도 같으므로, 저작권자의 저작물과 침해자의 저작물 사이에 실질적 유사성이 있는지를 판단할 때에도, 소재의 선택·배열 또는 구성에 있어서 창작적 표현에 해당하는 것만을 가지고 대비하여야 한다. 따라서 편집저작물에 관한 저작권 침해 여부가 문제 된 사건에서 저작권자의 저작물 전체가 아니라 그중 일부에 대한 침해 여부가 다투어지는 경우에는, 먼저 침해 여부가 다투어지는 부분을 특정한 뒤 저작물의 종류나 성격 등을 고려하여 저작권자의 저작물 중 침해 여부가 다투어지는 부분이 창작성 있는 표현에 해당하는지, 침해자의 저작물의 해당 부분이 저작권자의 저작물의 해당 부분에 의거하여 작성된 것인지 및 그와 실질적으로 유사한지를 개별적으로 살펴야 하고, 나아가 이용된 창작성 있는 표현 부분이 저작권자의 저작물 전체에서 차지하는 양적·질적 비중 등도 고려하여 저작권 침해 여부를 판단하여야 한다.

3. 해설

1) 편집저작물의 창작성

편집저작물은 편집물로서 그 소재의 선택·배열 또는 구성에 창작성이 있는 것을 말한다(제2조 제18호). 소재(素材)는 저작물이든 아니든 상관이 없다. 그리고 소재의 선택·배열 또는 구성에 창작성이 있어야 한다. 편집물로서 그 소재의 선택·배열 또는 구성에 창작성이 있으면, 독자적인 저작물로서 보호를 받는다(제6조 제1항). 따라서 단순한 자료의 나열은 자료를 수집한 것에 지나지 않는다.

소재의 선택은 일정한 주제에 따라 편집물에 수록될 구성부분을 선별하는 행위를 말한다. 배열은 그 소재의 순서나 위치의 선정을 말한다. 그리고 선택과 배열에 창작성이 있어야 하는데 소재를 일정한 방침 또는 목적을 가지고 수집, 선택, 배열, 분류 등에 있어서 창의성이 있는 것을 말한다. 또한, 구성도 창작성이 있어야 하는데, 이는 데이터베이스의 보호와도 관련성이 깊다. 그런데 이러한 법리가 그대로 대상판결에 나타나 있다.

그리고 판시사항에서 독창적인 편집방침 및 소재의 취사·선택에서 창조적 개성이 존재 여부 등 편집저작물의 창작성 판단에 대한 기준을 비교적 명확하게 제시하고 있다는 점에서 대상판결은 의미가 있다.

2) 편집저작물 저작권침해 여부 판단 방법

대상판결의 의의는 편집저작물의 일부에 대한 침해여부에 대한 문제가 되는 경우에 대한 판단 방법을 제시하고 있다. 우선, 편집저작물의 유사성 판단에 있어서도 저작권침해판단의 실질적유사성 이론을 그대로 적용하여야 한다. 다만, 편집저작물의 경우 비교 대상이 소재의 선택·배열 또는 구성에 있어서 창작적 표현에 해당되는 것만을 가지고 비교하여야 한다. 그리고 편집저작물의 일부에 대한 침해여부가 문제가 되는 경우에는 침해가 문제되고 있는 부분을 특정한 후에 저작물의 종류와 성격, 창작성, 의거성, 실질적 유사성을 개별적으로 판단하여야 한다고 판시하고 있다. 문제되는 부분의 저작물 전체에서 차지하는 양적·질적 비중도 고려하여야 한다고 기준을 제시하고 있다.

3) 대상판결의 의의

대상판결은 편집저작물 일부의 저작권침해가 문제된 사안에 대한 것으로 비교적 구체적인 판단기준을 제시한 점에 의미가 있다. 그리고 사안이 편집저작물 내용의 약 10%에 해당되는 내용에 대한 것이어서 실무적으로도 의미가 있다고 본다. 그 이유는 우리 사회에서 이 정도에 해당되면 실질적으로 위법성이 없다고 판단하든지 또는 양이 적다고 판단할 가능성이 있기 때문이다. 그런데 대상판결에서는 저작권침해에 대한 고의를 인정한 점, 창작성 있는 편집저작물이라는 점, 실질적으로 유사하다는 점을 인정한 점을 보

면, 앞으로 사설 학원가나 교육기관에서 교재 편찬 등에 있어서 대
상판결의 편집저작물에 대한 판단 요소 및 기준이 하나의 잣대가
될 수 있다.

XIV
창작의 자유와 음란성

1. 음란성과 선정성

저작권문제는 아니지만 창작 활동과 관련하여 음란성 또는 선정성 여부가 창작자에게 하나의 고민거리를 제공한다. 어떤 경우에는 자기검열을 하는 경우도 있다. 음란성 또는 선정성은 청소년 보호라는 사회적 과제와도 연관성이 있고 사회의 도덕질서, 사회윤리와도 관련성이 있다.[43]

음란성과 선정성 두 개념 모두 규범적인 개념이고, 일정한 가치판단에 기초하여 이루어지는 것이고, 사회적 상황, 시간의 흐름에 따라 달라지는 개념이다. 그리고 예술이나 창작활동, 연예활동과 밀접한 관계를 가지고 있다. 그리고 헌법에서 말하는 타인의 명예, 공중도덕, 사회윤리 등은 모두 추상적, 다의적, 불확정적 개념이다.

더 나아가서 헌법상의 학문의 자유, 사상의 자유, 예술의 자유와 그 한계점에 있는 불확정적이면서 유동적인 개념이라고 판단된다. 국어사전적 의미는 다음과 같다.

음란(淫亂) : 음탕하고 난잡함.
선정(煽情) : 정욕을 자극하여 일으킴.

두 단어 내지 개념은 성적인 것과 관련성이 있다. 그런데 이러한 두 개념은 필연적으로 창작활동과 연계되어 있고, 창작의 한계점을 이루는 개념이기도 하다. 그 한계점에는 '성적 수치심'이라든지 '청소년 유해물'이라는 개념이 존재한다.

– 형법[44]

제243조(음화반포등) 음란한 문서, 도화, 필름 기타 물건을 반포, 판매 또는 임대하거나 공연히 전시 또는 상영한 자는 1년 이하의 징역 또는 500만원 이하의 벌금에 처한다.

제244조(음화제조 등) 제243조의 행위에 공할 목적으로 음란한 물건을 제조, 소지, 수입 또는 수출한 자는 1년 이하의 징역 또는 500만원 이하의 벌금에 처한다.

제245조(공연음란) 공연히 음란한 행위를 한 자는 1년 이하의 징역, 500만원 이하의 벌금, 구류 또는 과료에 처한다.

– 정보통신망 이용촉진 및 정보보호 등에 관한 법률

제44조의7(불법정보의 유통금지 등)

① 누구든지 정보통신망을 통하여 다음 각 호의 어느 하나에 해
당하는 정보를 유통하여서는 아니 된다.

1. 음란한 부호·문언·음향·화상 또는 영상을 배포·판매·임대하
거나 공공연하게 전시하는 내용의 정보

제74조(벌칙) ① 다음 각 호의 어느 하나에 해당하는 자는 1년 이
하의 징역 또는 1천만원 이하의 벌금에 처한다.

2. 제44조의7제1항제1호를 위반하여 음란한 부호·문언·음향·화
상 또는 영상을 배포·판매·임대하거나 공공연하게 전시한 자

– 우편법

제17조(우편금지물품, 우편물의 용적·중량 및 포장 등) ① 과학기술정
보통신부장관은 건전한 사회질서를 해치거나 우편물의 안전한 송
달을 해치는 물건(음란물, 폭발물, 총기·도검, 마약류 및 독극물 등으로서
우편으로 취급하는 것이 부적절하다고 인정되는 물건을 말하며, 이하 "우편금
지물품"이라 한다)을 정하여 고시하여야 한다.

③ 과학기술정보통신부장관은 우편금지물품과 제2항에 따라 고
시한 기준에 맞지 아니한 물건에 대하여는 우편역무의 제공을
거절하거나 제한할 수 있다.

– 우편금지물품의 내용에 관한 고시

9. 공안방해와 그 밖의 위험성의 물질

나. 음란한 문서, 도화 그 밖의 사회질서에 해가 되는 물건으로서 법령으로 이동, 판매, 반포를 금하는 것. 다만, 법적 · 행정적 목적으로 공공기관에서 등기우편으로 발송하는 것은 예외로 한다.

제52조(우편금지물품 발송의 죄) 우편금지물품을 우편물로서 발송한 자는 2년 이하의 징역 또는 2천만원 이하의 벌금에 처하고 그 물건을 몰수한다.

– 아동 · 청소년의 성보호에 관한 법률 제2조
  (약칭: 청소년성보호법)

5. "아동 · 청소년성착취물"이란 아동 · 청소년 또는 아동 · 청소년으로 명백하게 인식될 수 있는 사람이나 표현물이 등장하여 제4호 각 목의 어느 하나에 해당하는 행위를 하거나 그 밖의 성적 행위를 하는 내용을 표현하는 것으로서 필름 · 비디오물 · 게임물 또는 컴퓨터나 그 밖의 통신매체를 통한 화상 · 영상 등의 형태로 된 것을 말한다.

제11조(아동 · 청소년성착취물의 제작 · 배포 등) ① 아동 · 청소년성착취물을 제작 · 수입 또는 수출한 자는 무기 또는 5년 이상의 징역에

처한다.

② 영리를 목적으로 아동·청소년성착취물을 판매·대여·배포·제공하거나 이를 목적으로 소지·운반·광고·소개하거나 공연히 전시 또는 상영한 자는 5년 이상의 유기징역에 처한다.

③ 아동·청소년성착취물을 배포·제공하거나 이를 목적으로 광고·소개하거나 공연히 전시 또는 상영한 자는 3년 이상의 유기징역에 처한다.

④ 아동·청소년성착취물을 제작할 것이라는 정황을 알면서 아동·청소년을 아동·청소년성착취물의 제작자에게 알선한 자는 3년 이상의 유기징역에 처한다.

⑤ 아동·청소년성착취물을 구입하거나 아동·청소년성착취물임을 알면서 이를 소지·시청한 자는 1년 이상의 유기징역에 처한다.

⑥ 제1항의 미수범은 처벌한다

⑦ 상습적으로 제1항의 죄를 범한 자는 그 죄에 대하여 정하는 형의 2분의 1까지 가중한다.

제작한 영상물이 객관적으로 아동·청소년이 등장하여 성적 행위를 하는 내용을 표현한 영상물에 해당하는 경우, 대상이 된 아동·청소년의 동의하에 촬영하거나 사적인 소지·보관을 1차적 목적으로 제작하더라도 구 아동·청소년의 성보호에 관한 법률 제8조 제1항의 '아동·청소년이용음란물'을 '제작'한 것에 해당하는지 여부 및 아동·청소년 등장 영상물 제작행위에 위법성이 없다고 볼 수 있는 예외적인 경우 및 판단 기준에 대해서 우리 대법원[45]은 다음과 같이 판시하고 있다.

구 아동·청소년의 성보호에 관한 법률(2012. 12. 18. 법률 제11572호로 전부 개정되기 전의 것, 이하 '구 아청법'이라 한다)은 제2조 제5호, 제4호에 '아동·청소년이용음란물'의 의미에 관한 별도의 규정을 두면서도, 제8조 제1항에서 아동·청소년이용음란물을 제작하는 등의 행위를 처벌하도록 규정하고 있을 뿐 범죄성립의 요건으로 제작 등의 의도나 음란물이 아동·청소년의 의사에 반하여 촬영되었는지 여부 등을 부가하고 있지 아니하다.

여기에다가 아동·청소년을 대상으로 성적 행위를 한 자를 엄중하게 처벌함으로써 성적 학대나 착취로부터 아동·청소년을 보호하는 한편 아동·청소년이 책임 있고 건강한 사회구성원으로 성장할 수 있도록 하려는 구 아청법의 입법 목적과 취지, 정신적으로 미성숙하고 충동적이며 경제적으로도 독립적이지 못한 아동·청소년의 특성, 아동·청소년이용음란물은 직접 피해자인 아동·청소년에게는 치유하기 어려운 정신적 상처를 안겨줄 뿐 아니라, 이를 시청하는 사람들에게까지 성에 대한 왜곡된 인식과 비정상적 가치관을 조장하므로 이를 제작 단계에서부터 원천적으로 차단함으로써 아동·청소년을 성적 대상으로 보는 데서 비롯되는 잠재적 성범죄로부터 아동·청소년을 보호할 필요가 있는 점, 인터넷 등 정보통신매체의 발달로 인하여 음란물이 일단 제작되면 제작 후 사정의 변경에 따라, 또는 제작자의 의도와 관계없이 언제라도 무분별하고 무차별적으로 유통에 제공될 가능성을 배제할 수 없는 점 등을 더하여 보면, 제작한 영상물이 객관적으로 아동·청소년이 등장하여 성적 행위를 하는 내용을 표현한 영상물에 해당하는 한 대상이 된 아동·청소년의 동의하에 촬영한 것이라거나 사적인 소지·보관을 1차적 목적으로 제작한 것이라고 하여 구 아청법 제8조 제1항의 '아동·청소년이용음란물'에 해당하지 아니한다거나 이를 '제작'한 것이 아니라고 할 수 없다.

다만 아동·청소년인 행위자 본인이 사적인 소지를 위하여 자신을 대상으로 '아동·청소년이용음란물'에 해당하는 영상 등을 제작하거나 그 밖에 이에 준하는 경우로서, 영상의 제작행위가 헌법상 보장되는 인격권, 행복추구권 또는 사생활의 자유 등을 이루는 사적인 생활 영역에서 사리분별력 있는 사람의 자기결정권의 정당한 행사에 해당한다고 볼 수 있는 예외적인 경우에는 위법성이 없다고 볼 수 있다. 아동·청소년은 성적 가치관과 판단능력이 충분히 형성되지 아니하여 성적 자기결정권을 행사하고 자신을 보호할 능력이 부족한 경우가 대부분이므로 영상의 제작행위가 이에 해당하는지 여부는 아동·청소년의 나이와 지적·사회적 능력, 제작의 목적과 동기 및 경위, 촬영 과정에서 강제력이나 위계 혹은 대가가 결부되었는지 여부, 아동·청소년의 동의나 관여가 자발적이고 진지하게 이루어졌는지 여부, 아동·청소년과 영상 등에 등장하는 다른 인물과의 관계, 영상 등에 표현된 성적 행위의 내용과 태양 등을 종합적으로 고려하여 신중하게 판단하여야 한다.

2. 음란성의 개념

형법 제243조에서 규정하고 있는 '음란'이란 사회통념상 일반 보통인의 성욕을 자극하여 성적 흥분을 유발하고 정상적인 성적 수치심을 해하여 성적 도의관념에 반하는 것을 뜻한다. 따라서 어떠한 물건을 음란하다고 평가하려면 그 물건을 전체적으로 관찰하여 볼 때 단순히 저속하다는 느낌을 주는 정도를 넘어 사람의 존엄성과 가치를 심각하게 훼손·왜곡하였다고 평가할 수 있을 정도로 노골적으로 사람의 특정 성적 부위 등을 적나라하게 표현 또는 묘사하는 것이어야 할 것이다.[46]

그리고 음란성이 있는지 여부에 대한 판단에 대해서는,

음란 여부를 판단함에 있어서는 행위자의 주관적 의도 등이 아니라 그 사회의 평균인의 입장에서 그 시대의 건전한 사회통념에 따라 객관적이고 규범적으로 평가하여야 한다(대법원 2008. 3. 13. 선고 2006도3558 판결 등 참조).[47]

어문저작물(소설)인 경우

형법 제243조 및 제244조 에서 말하는 '음란'이라 함은 정상적인 성적 수치심과 선량한 성적 도의관념을 현저히 침해하기에 적합한 것을 가리킨다 할 것이고, 이를 판단함에 있어서는 그 시대의 건전한 사회통념에 따라 객관적으로 판단하되 그 사회의 평균인의 입장에서 문서 전체를 대상으로 하여 규범적으로 평가하여야 할 것이며, 문학성 내지 예술성과 음란성은 차원을 달리하는 관념이므로 어느 문학작품이나 예술작품에 문학성 내지 예술성이 있다고 하여 그 작품의 음란성이 당연히 부정되는 것은 아니라 할 것이고, 다만 그 작품의 문학적·예술적 가치, 주제와 성적 표현의 관련성 정도 등에 따라서는 그 음란성이 완화되어 결국은 형법이 처벌대상으로 삼을 수 없게 되는 경우가 있을 수 있을 뿐이다.[48]

사진(도화)

형법 제243조의 음화반포등죄 및 제244조의 음화제조등죄에 규정한 음란한 도화라 함은 일반 보통인의 성욕을 자극하여 성적 흥분을 유발하고 정상적인 성적 수치심을 해하여 성적 도의관념에 반하는 것을 가리키고, 도화의 음란성의 판단에 있어서는 당해 도화의 성에 관한 노골적이고 상세한 표현의 정도와 그 수법, 당해 도화의 구성 또는 예술성, 사상성 등에 의한 성적자극의 완화의 정도, 이들의 관점으로부터 당해 도화를 전체로서 보았을 때주로 독자의 호색적 흥미를 돋우는 것으로 인정되느냐의 여부 등을 검토하는 것이 필요하고 이들의 사정을 종합하여 그 시대의 건전한 사회통념에 비추어 그것이 공연히 성욕을 흥분 또는 자극시키고 또한 보통인의 정상적인 성적 수치심을 해하고 선량한 성적 도의관념에 반하는 것이라고 할 수 있는가의 여부를 결정하여야 한다.[49]

– 영화 및 비디오물의 진흥에 관한 법률 (약칭: 영화비디오법)

제43조(제한상영가 영화의 상영 및 유통 제한)

① 누구든지 제한상영관이 아닌 장소 또는 시설에서 제한상영가 영화를 상영하여서는 아니 된다.

② 누구든지 제한상영가 영화와 동일한 영화를 비디오물 등 다른 영상물로 제작하거나 그 제작된 영상물을 상영·판매·전송·대여하거나 시청에 제공하여서는 아니 된다.

③ 제한상영관에서는 제29조제2항제1호 내지 제4호의 규정에 의한 영화를 상영하여서는 아니 된다.

제29조(상영등급분류)

① 영화업자는 제작 또는 수입한 영화(예고편 및 광고영화를 포함한다)에 대하여 그 상영 전까지 제71조의 규정에 의한 영상물등급위원회(이하 "영상물등급위원회"라 한다)로부터 상영등급을 분류 받아야 한다. 다만, 다음 각 호의 어느 하나에 해당하는 영화에 대하여는 그러하지 아니하다.

1. 대가를 받지 아니하고 특정한 장소에서 청소년이 포함되지 아니한 특정인에 한하여 상영하는 소형영화·단편영화
2. 영화진흥위원회가 추천하는 영화제에서 상영하는 영화
3. 국제적 문화교류의 목적으로 상영하는 영화 등 문화체육관광부장관이 등급분류가 필요하지 아니하다고 인정하는 영화

② 제1항 본문의 규정에 의한 영화의 상영등급은 영화의 내용 및 영상 등의 표현 정도에 따라 다음 각 호와 같이 분류한다. 다만, 영화 상영 전후에 상영하는 광고영화는 제1호에 해당하는 경우에 한하여 상영등급을 분류받을 수 있고, 예고편영화는 제1호 또는 제4호에 따라 상영등급을 분류하고 청소년 관람불가 예고편영화는 청소년 관람불가 영화의 상영 전후에만 상영할 수 있다.

1. 전체관람가 : 모든 연령에 해당하는 자가 관람할 수 있는 영화
2. 12세 이상 관람가 : 12세 이상의 자가 관람할 수 있는 영화
3. 15세 이상 관람가 : 15세 이상의 자가 관람할 수 있는 영화
4. 청소년 관람불가 : 청소년은 관람할 수 없는 영화
5. 제한상영가 : 선정성·폭력성·사회적 행위 등의 표현이

과도하여 인간의 보편적 존엄, 사회적 가치, 선량한 풍속
또는 국민 정서를 현저하게 해할 우려가 있어 상영 및
광고·선전에 일정한 제한이 필요한 영화

③ 누구든지 제1항 및 제2항의 규정을 위반하여 상영등급을 분
류 받지 아니한 영화를 상영하여서는 아니 된다.

④ 누구든지 제2항제2호 또는 제3호의 규정에 의한 상영등급에
해당하는 영화의 경우에는 당해 영화를 관람할 수 있는 연령
에 도달하지 아니한 자를 입장시켜서는 아니 된다. 다만, 부모
등 보호자를 동반하여 관람하는 경우에는 그러하지 아니하다.

⑤ 누구든지 제2항제4호 또는 제5호의 규정에 의한 상영등급에
해당하는 영화의 경우에는 청소년을 입장시켜서는 아니 된다.

⑥ 누구든지 제1항의 규정에 의하여 분류 받은 상영등급을 변조
하거나 상영등급을 분류 받은 영화의 내용을 변경하여 영화를
상영하여서는 아니 된다.

⑦ 제2항 각 호의 상영등급에 대한 구체적인 분류기준은 다음 각
호의 사항을 고려하여 대통령령으로 정한다.

   1.「대한민국헌법」의 민주적 기본질서의 유지와 인권존중
     에 관한 사항

   2. 건전한 가정생활과 아동 및 청소년 보호에 관한 사항

   3. 사회윤리의 존중에 관한 사항

   4. 국가정체성 및 외교관계의 유지에 관한 사항

   5. 주제 및 내용의 폭력성 · 선정성 · 반사회적 행위 등에

관한 사항

6. 인간의 보편적 존엄과 사회적 가치, 선량한 풍속 및 국민정서에 관한 사항

⑧ 영상물등급위원회는 제1항에 따른 상영등급을 분류하는 경우에는 내용정보 제공에 관한 사항을 심의하여야 한다.

⑨ 영상물등급위원회는 영화의 상영등급을 분류한 경우에는 다음 각 호의 서류를 신청인에게 교부하여야 한다.

1. 영화의 상영등급과 내용정보를 기재한 등급분류필증

2. 등급분류에 따른 의무사항을 기재한 서류

⑩ 제1항·제8항 및 제9항에 따른 상영등급분류 절차·방법, 내용정보 제공의 절차·방법 및 등급분류필증의 교부절차 등에 필요한 사항은 영상물등급위원회규정으로 정한다.

제10조의2(영화 상영등급 분류기준)

① 법 제29조제7항에 따른 영화 상영등급 분류기준은 별표 2의2와 같다.

② 제1항에 따른 세부적인 등급 분류기준은 영상물등급위원회규정으로 정한다.

[별표 2의2]

영화의 상영등급 및 비디오물의 등급 분류기준 (제10조의2제1항 및 제23조의2제1항 관련)

1. 전체관람가 기준

　가. 주제 및 내용은 모든 연령에 해당하는 사람이 수용 가능한 것
　　　으로 정서적 안정과 건전한 가치관 형성을 저해하지 않는 것

　나. 영상의 표현은 선정성·폭력성·공포·약물사용·모방위험 등
　　　의 요소가 없거나 매우 약하게 표현된 것

　다. 대사의 표현은 저속한 언어·비속어 등이 없거나 매우 약하
　　　게 표현된 것

　라. 그 밖에 특정한 사상·종교·풍속 등과 관련하여 모든 연령에
　　　해당하는 사람에게 부정적 영향을 미치는 표현이 없는 것

2. 12세 이상 관람가 기준

　가. 주제 및 내용은 부적절한 부분이 약하게 표현되어 있으나
　　　건전한 인격 형성과 교육적 근간을 저해하지 않는 것

　나. 영상의 표현은 선정성·폭력성·공포·약물사용·모방위험 등
　　　의 요소가 경미하고 간결하게 표현된 것

　다. 대사의 표현은 저속한 언어, 비속어, 욕설 등이 경미하고 가
　　　족, 대인관계 및 교육과정 등을 통하여 접할 수 있는 수준에
　　　서 사용된 것

　라. 그 밖에 특정한 사상·종교·풍속 등과 관련하여 12세 미만에
　　　해당하는 사람에게 부정적 영향을 미치는 표현이 있는 것

3. 15세 이상 관람가 기준

가. 주제 및 내용은 부적절한 부분이 일부 표현되어 있으나 사회, 가족, 학교 등에서 습득한 지식과 경험을 통하여 충분히 소화할 수 있는 것

나. 영상의 표현은 선정성·폭력성·공포 등의 요소가 있으나 지속적이고 구체적이지 아니하며, 약물사용 · 모방위험 등을 미화 · 조장하거나 정당화하는 내용이 아닌 것

다. 대사의 표현은 저속한 언어, 비속어, 욕설 등의 표현이 있으나 사회통념상 용인되는 수준에서 사용된 것

라. 그 밖에 특정한 사상·종교·풍속 등과 관련하여 15세 미만에 해당하는 사람에게 부정적 영향을 미치는 표현이 있는 것

4. 청소년 관람불가 기준

가. 주제 및 내용은 청소년의 일반적인 지식과 경험으로는 수용하기 어려워 건전한 인격체로 성장하는 것을 저해하는 것

나. 영상의 표현은 선정성·폭력성·공포·약물사용·모방위험 등의 요소가 지나치게 구체적이고 직접적이며 노골적인 것

다. 대사의 표현은 자극적이고 혐오스러운 성적(性的) 표현과 정서적·인격적인 모욕감이나 수치심을 유발하는 수준의 저속한 언어, 비속어, 욕설 등이 과도하게 사용된 것

라. 그 밖에 특정한 사상·종교·풍속 등에 관한 묘사가 청소년이 관람하기에 부적절한 것

5. 제한상영가 기준

가. 주제 및 내용은 민주적 기본질서를 부정하여 국가 정체성을 현저히 훼손하거나 범죄 등 반사회적 행위를 조장하여 사회 질서를 심각하게 문란하게 하는 것

나. 영상의 표현은 선정성·폭력성·공포·약물사용·모방위험 등의 요소가 과도하여 인간의 존엄과 가치를 훼손·왜곡하거나 사회의 선량한 풍속 또는 국민의 정서를 현저히 손상하는 것

다. 대사의 표현이 장애인 등 특정계층에 대한 경멸적이고 모욕적 언어를 과도하게 사용하여 인간의 보편적 존엄과 가치를 현저하게 손상하는 것

라. 그 밖에 특정한 사상·종교·풍속 등에 관한 묘사의 반사회성 정도가 극히 심하여 예술적·문학적·교육적·과학적·사회적 가치 등이 현저히 훼손된다고 인정되는 것

동성애와 관련된 사안에서 대법원[50]은 청소년 관람불가 등급분류기준으로서 '영상표현의 선정성'에 청소년에게 성적 불쾌감·혐오감 등을 유발하는 경우가 포함되는지 여부에 관한 사항과 영상표현의 선정성 측면에서 청소년 관람불가 등급분류기준을 충족하는지 여부를 판단하는 방법에 관하여 다음과 같이 판시하고 있다.[51]

영상표현의 선정성에 관한 청소년 관람불가 기준에는 15세 이상

관람가 기준과 달리 그 문언상 성적 욕구의 자극을 요건으로 하지 않는 점, 영상표현의 선정성에 관하여 세부적인 등급분류기준을 둔 취지는 청소년이 아직 인격적으로 성숙하지 않아 성인보다 상대적으로 성적 자극에 예민하고 성충동을 억제하거나 조절하는 능력이 부족한 점을 고려하여 영상표현을 통해 청소년의 성적 상상이나 호기심을 불필요하게 부추기거나 성에 관하여 그릇된 인식을 갖게 하는 부작용을 미리 방지함으로써 청소년으로 하여금 진정한 인격체로 성장할 수 있도록 하기 위한 것인 점, 구 청소년보호법(2011. 9. 15. 법률 제11048호로 개정되기 전의 것) 제10조 제1항 제1호에서 청소년의 성적 욕구를 자극하는 것 이외에 제5호에서 '기타 청소년의 정신적 건강에 명백히 해를 끼칠 우려가 있는 것'도 청소년유해매체물로 규정하고 있는 점과 함께 영화 등급분류에 관한 영화 및 비디오물의 진흥에 관한 법률 제29조 제2항, 제7항, 영화 및 비디오물의 진흥에 관한 법률 시행령 제10조의2 제1항 [별표 2의2] 제4호 (나)목, 제2항, 구 영화 및 비디오물 등급분류기준(2010. 6. 3. 개정되기 전의 영상물등급위원회규정) 제5조, 제7조 규정의 내용 및 형식, 입법 취지 등을 고려하면, 청소년 관람불가의 등급분류기준으로서 영상표현의 선정성에는 신체 노출, 성적 접촉, 성행위 등이 지나치게 구체적이고 직접적이며 노골적이어서 청소년에게 성적 욕구를 자극하는 경우뿐만 아니라, 청소년에게 성적 불쾌감·혐오감 등을 유발하는 경우도 포함된다고 보는 것이 타당하다.

영상표현의 선정성 측면에서 청소년 관람불가 등급분류기준을 충족하는지 여부는 해당 영화를 전체적으로 관찰하여 신체 노출 및 성적 행위의 표현 정도뿐만 아니라 그 영상의 구성 및 음향의 전달 방식, 영화주제와의 관련성, 영화 전체에서 성적 표현이 차지하는 비중 및 그 영화의 예술적·교육적 가치 등을 종합적으로 고려하되, 제작자의 주관적인 의도가 아니라 사회의 일반적인 통념에 따라 객관적이고 규범적으로 평가하여야 한다.

3. 저작물 성립과 음란성

저작물의 내용이 음란하거나 반사회적이거나 부도덕하더라도 저작물로서 성립하고 이 저작물에 대해서 저작권이 발생한다. 쉬운 예로 포르노 영화를 생각하면 된다. 따라서 포르노 영화를 불법으로 다운로드 받으면 저작권침해가 성립한다.

저작물 성립을 판단할 때에 음란성 여부를 판단하지 않는 것은 창작의 관점에서 바라보면 중요한 의미를 가진다. 우선 표현의 자유, 예술의 자유, 사상의 자유, 학문의 자유 등을 간접적으로 보장하는 것이다. 즉 저작물 성립과 관련하여 자기 검열을 하지 않아도 된다는 의미이다. 대법원도 저작물 성립과 관련하여 저작물 내용이 부도덕하거나 위법하더라도 저작물로서 보호한다고 판시하고 있다. 다만, 위에서 법령을 살펴보았듯이 청소년 보호를 위한 각종 문화행정법규나 형법 등의 규제는 다른 차원의 이야기이다.

XV
공유경제와 저작권

1. 공유경제의 의미

공유경제(共有經濟, Sharing Economy)라는 말이 언제부터인지 우리 사회에 강력한 인상을 남기면서 이념적 정당성까지 부여되기도 하였다. 공유경제라는 용어로 인해서 공유경제가 반(反, anti-)시장적이거나, 반소유권적이거나, 반독점적 태도에 기초하여 자유로운 거래 시장 질서를 부정하거나, 개인의 소유권을 부정하거나, 대기업의 시장지배에 무조건 저항하는 자본주의 시장에 대한 전반적인 불신을 의미하지 않는다. 오히려 친(親, Pro-)시장적, 친자본주의적인 성격이 있다. 경제활동의 효율성, 유한한 자원의 무분별한 소비에 대한 반성을 통한 자원 낭비 없이 이용하고자 하는 시장 보완적, 시장 교정적 의미가 있다. 시장을 분석하여 시장의 비효율성 내지 낭비성을 제거하고자 하는 것이다. 따라서 공유경제는 자연보존과 유한한 자원의 선순환구조의 확립, 재생산에도 도움이 되는 경제형태라고 평가되고 있다. 예를 들면 재산권의 대표적인 것이 소유권인데, 소유권의 대상이 유체물인 동산, 부동산에 대한 것이다. 공유경제의 의미가 어쩌면 유한성을 가지는 재화인 부동산, 동산에 대한 이용의 효율성을 강조하는 것이다. 우리가 잘 알고 있는 에어비앤비(Airbnb) 또는 쏘카(Socar) 우버(Uber)와 같은 비즈니스 모델을 생각하면 된다.

공유경제라는 개념을 이해할 때에 주의할 점 또는 구별하여야 할 것을 약간 첨가하고자 한다. 우리가 공유경제는 공유(公有, public domain)가 아니라는 점을 주의하여야 한다. 공유(公有)는 공적인 또는 국가적인 소유 또는 공공재(public domain)를 의미하는 것이다. 누구나 이용할 수 있는 것을 말한다. 예를 들어 공원, 도로 같은 것을 생각하면 된다.

그리고 공산주의에서 말하는 공유경제(economy of communism)와도 구별하여야 한다. 비록 한자가 공(共, 같이, 함께)자가 동일하다고 하더라도 의미는 전혀 다르다. 공산주의에서 말하는 공유는 개인의 소유를 인정하지 않고 전체주의적인 소유를 의미하는 것이기 때문이다.

다단계적인 이익분배구조 또는 새로운 이익분배의 방법으로서 많은 사람들이 지분을 가지고 참여한다고 해서, 또는 이익분배를 위한 플랫폼을 만들어서 통일적으로 운영한다고 하더라도 우리가 여기서 논의하는 공유경제와는 다른 의미이다. 이는 이익분배를 위한 사업구조 내지 새로운 비즈니스 모델(business model)이기 때문이다.

그동안 우리나라에서는 공유경제의 실현을 위해서 행정 규제의 완화, 즉 행정법적인 영역에서 주로 논의가 많이 이루어져 왔다. 개인의 재산권에 대해서 이용을 촉진하자는 측면에서 접근하기 때문에 주로 규제를 완화하자는 논의가 주류를 이루어왔다.

2. 저작권의 의미

저작권은 우리 법제에 비추어 보면 전형적인 재산권의 한 유형이다. 재산권이라는 의미는 개인의 재산이라는 것이고, 개인의 재산을 절대불가침적인 성격이 강하다. 법학에서는 이를 절대권이라고 말하기도 하고 대세권(對世權)이라고 말하기도 한다. 대세권이란 세상의 모든 사람에게 자신의 저작권을 존중하라고 요구할 수 있는 권리라는 의미이다. 따라서 법률을 통해서만 제한이 가능하고, 개인의 재산을 제한할 때에는 국가가 보상하도록 하고 있다. 앞에서 소유권을 잠시 언급하였는데, 소유권의 대상은 유한한 자원인 땅과 건물을 대상으로 하는 것임에 반하여 저작권의 대상인 저작물 또는 창작물은 이용대상이 무궁무진할 수 있다. 그래서 약간 성격이 다르다. 예를 들면, 어문저작물의 한 유형인 소설은 책으로, 녹음으로,

만화로, 그림으로 다양한 형태로 활용이 가능하고, 만약 소설책으로 출간되었다면 몇 만권이 동시에 사회에 존재하게 된다. 따라서 저작권은 단 한 채의 집을 가지고 소유권을 주장하는 것과는 다소 다른 성격의 권리라고 말할 수 있다.

그런데 다른 한편으로 저작권은 특이한 성격을 가지고 있다. 저작권의 대상인 저작물, 창작물은 우리 문화의 기초를 형성하고 있다. 문화형성을 하기 위해서는 이미 존재하고 있는 타인의 저작물, 현재 동료 또는 동시대의 다른 창작자들의 창작물을 이용하여야 한다. 이러한 저작물을 이용할 수 있도록 광범위하게 저작권법에는 저작권자의 저작재산권을 제한하고 있다. 타인의 저작물을 보고, 뉴스를 제작하거나, 시험문제를 내거나, 논문을 작성하면서 타인의 저작물을 인용하거나, 타인의 저작물을 통해서 창작의 모티브나 자극을 받아서 새로운 저작물을 창작하는 경우에 자유롭게 저작권을 의식하지 않고 타인의 창작물을 이용할 수 있도록 하고 있다.

재산권법의 원칙에 따르면 이용허락을 받거나 이용할 수 있는 권원을 취득하여야 한다. 하지만, 이러한 권리처리 과정이 없이 타인의 저작물을 마음대로 이용한다는 의미는 창작자의 입장에서 보면 자신의 권리를 행사하는 것을 제한받는다는 것이다. 그런데 저작권자의 권리행사 제한이 저작권법에는 광범위하게 규정되어 있다. 이것이 저작권법의 큰 특징이다. 특허법, 실용신안법, 디자인보호법 등과 같이 창작물과 창작행위를 보호하는 법률들과 비교하여보아도 다른 점이다.

다시 한 번 더 정리하면 저작권도 재산권의 하나로서 절대적으로 보호를 받아야하지만, 창작물의 특성상, 문화기초를 형성하는 저작물의 성격에 비추어 저작권자의 저작권행사를 제한하고 있다.

그런데 소위 카피레프트(copyleft)라고 해서 저작권 자체를 부정하는 사람들도 있다. 저작권(copyright)제도 자체가 문화발전에 장애요소가 된다고 생각하는 것이다. 일면으로 수긍할 수 있는 면이 있다. 예를 들어 대기업이나 다국적 기업들이 저작권을 가지고 통상압력을 한다든지 개인의 창작활동을 제한하는 측면이 있다. 그리고 약간 어려운 법률문제를 내포하고 있는데 저작권을 가지고 헌법이 보장하고 있는 표현의 자유를 사실상 제한하는 것이다. 그 대표적인 것이 패러디를 저작권 침해로 보아서 허용하지 않는 것이다. 심지어는 형사처벌하고 있다. 이런 점을 들어서 저작권을 부정하는 입장이 있다. 그런데 커피레프트와 저작권의 공유경제와는 다르다는 점을 인식하여야 한다.

3. 공유경제와 저작권

앞서 언급한 바와 같이 공유경제는 개인의 재산권을 부정하거나, 저작권행사를 과도하게 제한하거나, 또는 저작권을 부정하지 않는다. 오히려 재산권의 행사를 더 효율적으로 하도록 돕는 이념적 도구이다.

저작권제도 특징 중의 하나가 저작권법에서 저작권자의 권리행사를 아주 광범위하게 제한하고 있다. 그리고 저작권 보호기간을 기본적으로 저작자의 사후 70년까지로 제한하고 있다. 지식재산권의 보호기간 제도는 지식재산권 제도의 큰 특징이다. 명칭도 보호기간 또는 권리의 존속기간이라고 표현하고 있다. 이에 반하여 소유권은 영원한 권리라고 말할 수 있다. 이 외에도 저작권자의 저작권행사를 일정한 요건 아래에서 포괄적·일반적으로 제한하는 공정이용(Fair Use) 조항이 있다. 우리나라 저작권법의 큰 특징 중의 하나가 개별적으로, 구체적으로 저작재산권을 제한하는 조항이 존재함에도 불구하고 공정이용 조항을 두고 있다는 점이다.

그리고 우리 저작권법의 또 다른 특징은 '공공저작물'이라는 제도를 두고 있다. 공공저작물의 이용 활성화를 하기 위하여 공공누리 제도[공공저작물 자유이용 허락 표시제도(Korea Open Government License)]를 두고 있다.[52] 이는 미국의 CCL(Creative Commons License)제도로부터 시사점을 받은 것이다.

다시 말해서 저작권제도에는 이미 공유경제가 지향하는 이용의 활성화를 위한 제도를 다른 법제도에 비해서 많이 두고 있다. 저작권제도는 저작권자의 권리와 저작물을 이용하는 일반 문화수요자들의 권리를 비교적 동등하게 보장하고 있다. 이런 점에서 저작권제도는 공유경제와 친하다고 말할 수 있다.

마지막으로 우리 사회에서 저작권제도를 한 번 고찰해 볼 필요가 있다. 개인마다 생각이 다를 수 있겠지만, 우리나라에서 저작권자의 지위가 공고하다고 말할 수 없다는 것이 필자의 판단이다. 저작권에 관한 인식이나 사회적 관심이 높아진 것은 사실이기는 하지만, 아직 만족스러울 정도는 아니라고 생각한다. 방송 등을 통해서 몇몇 저작자가 경제적 수익을 보장받는 듯이 보이기는 하지만 전체적으로 살펴보면 우리나라에서 창작자나 창작이나 문화와 관련된 직업을 가진 사람들은 사회적 약자에 속한다고 판단된다. 조금 더 저작권자의 지위가 확보될 필요가 있다고 생각된다. 따라서 저작권제도와 관련하여 공유경제를 지나치게 강조하거나 그 이념을 구현하기 위하여 저작권제도의 희생을 요구하는 것은 아직은 시기상조가 아닐까 하는 생각을 한다.

XVI
공모전 불공정거래 관행 해결 방향

1. 들어가면서

우리나라에서 1990년대 말부터 지속적으로 사회적 화두가 되고 있는 것 중의 하나는 '공정사회'라고 생각한다. 민주화, 양극화 등을 비롯한 여러 가지 사회적 제시어가 있었지만 공정사회라는 주제어도 지금까지 끊임없이 회자되고 있다. 교육, 경제, 정치, 문화예술, 과학과 기술 영역 등 사회 전반에 걸쳐서 나타나고 있는 '갑질'이라는 말로 대표되는 불공정행위, 불법행위들이 많이 자행되어 왔다는 의미이기도 하다.

그렇다면 인간의 정신적 노력, 사상 등이 반영되는 창작의 영역에서는 이러한 불공정거래 관행이 없었는가 하는 점에 대해서 판단해보면 자신 있게 '아니오'라고 말할 수 있는 분야는 거의 없을 것

같다. 특히 창작공모전은 대부분 신인작가, 어린 작가, 무명작가 등 창작을 직업적으로 수행하고자 하는 예비창작자들의 등용문의 긍정적 역할을 수행하지만, 응모자의 경우 대부분 사회적 지위가 약한 사람으로서 요즈음에 유행하는 표현을 빌면 '기울어진 운동장에 서 있는 창작자'라고 말할 수 있다.

이러한 공모전을 통해 창작세계에 진입하는 관문에 불공정이라는 장애물이 존재하고 있다면, 특히 법률의 형식적인 내용을 통해서 합법성을 가장한 기울어진 권리관계를 가진 장애물이 제시되어 있다면 이를 어떻게 제거 내지 해결할 것인지가 앞서 언급한 공정사회로 가는 지름길 중의 하나라고 생각한다.

2. 당선되지 못한 응모작에 대한 실질적인 보호장치 마련

공모전과 관련해서는 공모전에 참여하는 사람들의 창작 아이디어 내지 창작성과물을 보호하는 것이 법제도적인 관심사라고 말할 수 있다. 당선자뿐만 아니라 당선되지 않고 단순히 참여한 사람들의 창작 아이디어 내지 창작성과물을 어떻게 보호하여야 하는가 하는 점이다. 이는 전반적으로 아이디어 보호문제, 아이디어 탈취에 대한 저항할 수 있는 해결책을 마련하는 것이 중요하다. 더 나아가서 공모전에 당선되지 못한 아이디어 내지 창작 내용을 탈취당하는 것을 보호하는 것에 더 중점을 두어야 한다.

공모전 이후 시중에 자신이 창작한 것과 비슷한 것, 탈락한 자신의 창작물과 비슷한 것이 돌아다니고 있다면 허탈한 감정을 떠나서 사회에 대한 불신을 조장하게 되는 것이다. 창작과 관련하여 구체성이 결여되지만 아이디어를 보호하여 달라고 요구하고 있는 것도 이러한 불공정을 반영하는 하나의 세태라고 생각한다.

이러한 공모전에 제출된 창작 아이디어 내지 창작성과물을 보호하기 위해서는 공모전을 개최하는 측에 공모전에 응모된 당선되지 않은 창작물의 내용에 대해서도 '침묵의 의무' 내지 '비밀유지의무'를 지우는 내용의 계약 조항을 공모전과 관련된 공고문에 제시하는 것이다. 이러한 의무를 지키지 않았을 경우, 즉 비슷한 창작물이 시중에 유포되는 경우 등에는 계약위반으로 손해배상을 청구할 수 있도록 하고, 설령, 이러한 내용의 공고내용이 없다고 하더라도, 응모자의 창작성과물이나 이와 유사한 것들이 시중에 돌아다니거나 공표되는 경우에는 공모전 주최 측에 묵시적으로 지켜야할 침묵의 의무를 위반하였다는 법리를 동원해서 이에 대한 손해배상을 하도록 하는 방안을 생각할 수 있다.

3. 저작권법에서의 개선방향

저작권법에 공모전에 출품한 저작물과 관련된 규정이 이미 존재하고 있다. 제45조 제2항에서 저작권을 양도할 경우 2차적저작물작성권은 양도하지 않은 것으로 추정하는 조항을 두고 있다. 이는 신문사 등에서 신춘문예공모전 등을 통한 저작물에 대한 권리를 취득한 후에 2차적저작물의 형태로 이용되는 것에 대한 반성에 따른 것으로서 사회적 경험에 따라 준칙화된 것으로서 의미가 있다.

그런데 아직 사회적 지위의 약자로서의 신진 창작자 또는 무명 창작자, 어린 창작자인 경우 공모전에서 당선된 창작물에 관한 권리를 모두 공모전 주최 측에 양도한다는 일방적인 내용의 공고내용을 우리는 수시로 볼 수 있다. 이는 법학적인 관점에서 보면 자신의 권리를 처분하는 것으로서 더 이상 권리자가 아니라는 의미이다. 어린 시절, 무명시절, 궁박한 시절에 맺은 또 하나의 불균형적인 계약이다.

이러한 내용은 구체적이지도 않고 그냥 전체를 양도한다는 한 문구에 지나지 않는 경우가 많다. 응모자의 입장에서 사전에 이에 대한 이의를 제기하거나 사후에 양도할 의사가 없었다는 등의 의견을 제시할 수가 없는 실정이다.

이러한 공모 주최자의 일방적으로 선언하는 형식의 권리관계 설정은 법의 형식적인 면 또는 합법적인 면을 잘 이용하였다고 말할 수 있다. 또 다른 면에서 공모전에 따른 법률적인 문제를 복잡하지 않고 간명하게 해결하는 방법일 수도 있다. 그리고 공모 주최자의 입장에서는 등단의 조건 내지 전문 창작자로서의 지위를 가지게 해준 것이라면서 어떤 시혜를 베푼다고 생각하고, 이렇게 사소한(?) 법률적으로 정의롭지 못한 것 내지 권리관계의 일방성은 응모자가 참아야 한다고 생각할 수 있다.

그렇지만 창작자의 입장에서 왜 일방적으로 권리관계가 설정되어야 하는가 또는 나의 창작물은 앞으로 어떠한 운명에 처해질 것인가에 대해서 의문을 가질 수 있고, 자신의 창작물이 더 많이 활용될 경우 지금 받은 수상금이 적절한가 하는 점에 대해서 의문을 품을 수 있다.

이러한 논의는 최근 저작권법 영역에서 논의되고 있는 '저작물이용료변경청구권' 또는 '사후보상청구권'이라는 독일 저작권법에 규정되어 있는 소위 'best seller clause'와도 연계성을 가진다. 개인적으로는 이 조항의 도입에 대해서 반대하는 입장이지만, 소위 공모전과 관련된 경우 이러한 취지의 규정을 미리 고지할 필요가 있다고 생각된다. 즉 공모전에 당선된 창작물이 사후에 인기가 있거나 이에 따른 경제적 수익이 현저하게 차이가 발생한 경우에는 이에 비례한 보상을 청구할 수 있다는 것을 약속하는 것을 공모전의 공고 시에 미리 알려주는 것이다.

이렇게 하는 것은 오히려 공모전의 신뢰나 공모 주최자에 대한 신뢰를 더 높이고 창작활동에 따른 성과를 공정하게 대우한다는 인식도 심어주게 된다. 앞서 언급한 2차적저작물작성권의 양도도 보통의 경우 함께 양도하는 것으로 규정하는 경우가 많은데 이러한 경우에도 기본적으로 위에서 언급한 best seller조항을 공모전 공고사항이나 계약서에 반드시 규정할 필요가 있다.[53] 이러한 내용은 공모전뿐만 아니라 일반적인 출판계약이나 저작물이용허락계약에서도 필요하다.

4. 공모전의 표준계약서 내지 표준광고문의 제시

공모전에 따른 법률관계 또는 창작의 성과물과 관련된 불공정행위가 우리 사회에 만연해 있었고, 어떤 점에서 당연한 것이라고 생각하였다. 이제는 사회 각 분야에서 정상이라고 생각되는 불공정을 제거하고 공정한 창작질서를 구축하고, 창작의욕을 불러일으켜야 한다. 이러한 것을 실천하는 방법 중 하나는 공모전과 관련된 공정하고 객관적이고, 올바른 창작질서를 구축하고, 창작의욕을 북돋아주는 표준공모전 공고문 내지 공모전에 따른 법률관계가 형성되어 있는 표준계약서를 한국저작권위원회에서나 관련 부처에서 제정해서 지자체나 각종 공공기관, 언론기관 등에 제시해주면 어떨까 하는 제의를 해본다. 공모전의 내용이나 대상에 따라 표준계약서의 내용이 다를 것이고 이에 따른 권리내용 역시 다르고 이용형태 역시 다르게 발현되기 때문이다. 이미 표준공모전 공고내용이나 공모전에 따른 계약서가 있다면 이에 대한 세밀한 재검토가 필요하다.

다른 한편, 우리 사회에서 창작의 영역이 과거에 비해 너무 많이 달라졌고, 공모전의 형태 내지 규모도 달라졌다. 따라서 이에 따른 사고구조 역시 달라져야 한다. 우리나라가 산업발전기를 지나서 창작의 영역에서 뛰어난 성과를 보이는 지금 과거처럼 지나친 전체주의적인 공짜 정신을 버리고 창작에 대한 정당한 보상을 하여야 한다는 생각, 창작자를 정당하게 대우하여야 한다는 공정의식이 역시 우리 사회가 갖추어야 할 시민 내지 우리 사회의 덕목 중의 하나가 되었다고 생각한다.

시험문제와 공공저작물

1. 들어가면서

저작권법 전공자라면 사설학원에서 근처 중고등학교 시험문제를 해설하여준다든지, 국가자격시험문제나 공인된 시험문제를 학원등에서 무단으로 사용하는 문제에 대해서 저작권침해가 아닌가 하는 규범적 인식은 이미 옛날부터 하고 있었을 것이라고 생각된다. 이하에서는 시험문제의 저작물 성립 여부, 시험문제에 대한 권리귀속 주체가 누구인지, 시험저작물이 공공저작물에 해당되는 지 여부에 대해서 규범적 평가를 하고, 필자의 간략한 의견을 밝히고자 한다.

2. 시험문제의 저작물성

국가 시험인 경우 출제자가 있고, 출제자는 대부분 시험과 관련된 외부 전문가이다. 중고등학교에서는 학사일정에 따라 출제자는 교사가 일반적이고 대부분 시험문제는 수정과 검토를 하여 행정 라인을 통해서 확정된다. 즉, 국가 자격시험이든,[54] 교육기관에서의 시험이든, 시험은 일정을 계획하고 기획 하에 이루어지고 어느 정도의 수준에 있는 사람을 통해서 출제되고, 시험은 일정한 목적을 가지고 있다. 참고서등의 문제를 그대로 베껴서 출제하지 않는 이상 출제자의 정신적 노력이 들어가 있는 창작물로서 대부분 어문저작물에 속한다고 말할 수 있다. 따라서 학력고사 시험문제,[55] 대학입시문제,[56] 중고등학교 시험문제,[57] 대학교육기관에서의 시험문제[58]에 대해서 모두 저작물성을 인정할 수 있다.

3. 시험문제에 대한 권리귀속 주체

시험문제가 저작물이라면 저작권법의 창작주의와 창작자주의에 따라 시험문제가 완성되는 순간 이 문제의 출제자에게 저작권이 귀속되는 것이 원칙이다. 그런데 앞서 언급한 대로 시험문제는 대부분 어떤 기획을 하거나 학사일정에 맞추어 학생들의 학력평가를 위하여 업무상으로 출제하는 것이기 때문에 업무상저작물에 해당된다고 판단된다. 따라서 국립학교인 경우에는 중앙정부가, 공립학교인 경우에는 거의 대부분이 교육자치사무를 담당하는 지방교육청이, 사립학교인 경우에는 설립재단이 '원시적으로' 저작권의 주체가 될 가능성이 높다. 따라서 실제 출제자인 교사는 업무상저작물의 '업무에 종사하는 자'에 해당되어 저작권의 주체가 될 수 없다. 앞서 각주에서 소개한 소위 "족보닷컴"사건에서 사립학교 교원이 저작권을 가질 수 있었던 것은 당시의 저작권법에 따르면 기명저작물인 경우에는 단체명의저작물에 해당되지 않는다는 조항이 있었기 때문이다. 그런데 이후에 업무상저작물로 제도가 바뀌면서 기명저작물의 내용이 삭제되었기 때문에 현재로서는 특별한 상황이 존재하지 않는 한, 교사가 저작권자가 될 소지는 거의 없기 때문에 이 법리를 주장하거나 인용하는 것은 옳지 않다고 생각된다.

4. 공공저작물에의 해당 여부

그런데 우리 저작권법에는 제24조의2에 공공저작물 조항을 두고 있다. 공공저작물은 "국가 또는 지방자치단체가 업무상 작성하여 공표한 저작물이나 계약에 따라 저작재산권의 전부를 보유한 저작물"로서 저작자의 허락 없이 이용할 수 있다. 따라서 조문의 표제에도 "자유이용"이라고 표현하고 있다. 즉, 저작권을 의식하지 않고 자유롭게 이용할 수 있는 저작물이다.

공공저작물 제도의 취지는 국민의 알권리를 충족시키는 사법상
(私法上)의 제도라고 말할 수 있다. 공공저작물에 대해서도 중앙정
부나 지방정부, 공공기관 등이 공권력 주체가 아니라 사경제주체로
서 저작권을 행사할 수 있지만 저작권을 행사하지 않고, 국민의 세
금 또는 기금으로 생성된 저작물을 공개하여, 이를 바탕으로 새로
운 문화적 성과물을 생성하도록 유도하기 위한 제도라고 말할 수
있다. 공공저작물제도는 전 세계적으로 보더라도 특이한 제도로서
우리 저작권법의 독창성을 나타내고 있는데, 필자로서도 좋은 제도
라고 생각하고 있다.

　"시험문제는 공공저작물인가?"라는 질문에는 긍정적으로 대답할
수 있다. 특히, 국공립 중고등학교의 시험문제에 대해서는 실질적
으로 공공저작물에 해당된다고 말할 수 있다.[59] 공공저작물이면 공
공누리제도에서 설정한 조건들을 제시하면서 일반인들에게 자유
롭게 이용할 수 있도록 할 수 있다. 그런데 우리나라의 교육 현실은
고등교육이 될수록 사립학교의 교육비율이 높다. 따라서 사립 중고
등학교의 시험문제의 경우, 공공저작작물이 아니라 사립학교를 설
립한 재단에 저작권이 귀속되기 때문에 사유재산권이 된다. 즉, 공
공저작물에 해당되지 않는다. 따라서 사립학교의 시험문제를 마치
공공저작물에 해당되는 것처럼 공적인 성격을 부여하여 누구나 이
용할 수 있도록 하자는 주장은 최소한 현행법 아래에서는 허용되지
않는다고 보아야 한다.

　대한민국 사회는 학력 사회이고 교육에 대한 열의는 전 세계에

잘 알려져 있다. 사교육이 공교육을 압도하는 현실이 보여주는 사회적 비용, 기회비용 등의 관점에서도 시험문제를 어떻게 바라보아야 하는 점에 대한 고민도 생기지만, 우리나라 공교육 현장은 국공립교육과 사립학교의 교육으로 나누어져 있고, 이에 따라 시험문제에 대한 권리주체가 극명하게 구별된다는 점이 법학도들에게 더 깊은 고민을 하도록 만들고 있다. 즉, 국공립학교의 시험문제는 공공저작물이기 때문에 자유롭게 이용하라고 하고, 사립학교의 시험문제에 대해서는 반대로 저작권을 행사하도록 하는 것은 공정이나 형평의 관점에서뿐만 아니라 교육 현장에서 납득하기 어려운 점이 있다고 생각된다.

5. 나가면서

중고등학교의 시험문제에 대해서 정책적 판단 여지가 있다. 앞서 언급한 대로 중고등학교는 공립과 국립, 사립으로 나뉘고, 사립학교인 경우 재단에 시험문제에 대한 저작권이 귀속된다. 사립학교 시험문제는 자유롭게 이용할 수 없는 데 반해서 국립과 공립학교의 시험문제에 대해서는 일정한 조건 아래에서 이용할 수 있다고 한다면 교육현장에서 혼란이 생길 수 있다. 공정하여야 할 시험문제 영역에서 이상한 결론에 도달할 수 있다. 따라서 교육기관, 교육청, 사설학원, 교사단체 등 시험문제와 관련된 당사자들의 사회적, 교육적 합의가 필요하다고 판단된다.

또한, 입법의 관점에서 문화행정 또는 교육행정에 관한 법령에서 규범적으로 어느 정도의 가이드라인을 제시할 수 있다. 최소한 고등학교까지의 교육은 사립학교라고 하더라도 교육청의 관리, 감독을 받고 예산지원을 받기 때문에, 시험문제 역시 공교육 또는 시민으로서의 기초교육 또는 의무교육에 해당되기 때문에 공공성이 있다고 보아 사립학교의 시험문제 역시 공공저작물에 해당된다고 하는 지침을 제시할 수 있다. 이럴 경우, 헌법이 보장하는 개인 재산권 침해라는 위헌적인 요소가 있다는 다툼이 발생할 소지가 있다.

필자는 합법적(waht is legal)이라고 해서 반드시 정당한(what is right) 것은 아니고, 정당한 것이라고 해서 반드시 합법적인 것은 아니라고 생각한다. 즉, 국공립학교의 시험문제는 공공저작물이기 때문에 바로 누구나 사용할 수 있다고 한다면 이는 합법적인 것은 아니지만, 교육현장에서 공정성, 형평성을 제기할 것이고, 납득하기 힘들다는 심리적 저항감도 있을 것이기 때문에 정당하다고 말할 수 없다. 또한, 사립학교의 시험문제를 공공성이 있다고 마치 공공저작물처럼 이용하게 해달라고 하는 것도 정당한 면이 있지만, 최소한 현행 저작권법 아래에서는 합법적이지는 않다. 따라서 장기적인 관점에서 어떻게 하는 것이 사회적 또는 교육적 이익을 해치지 않고, 저작권 제도라는 틀을 존중하면서 시험문제의 활용을 통해서 "최대 다수의 최대의 교육적 이익이 발생할 수 있을 것인가!"라는 관점에서 논의하여야 한다고 생각된다.

마지막으로 국공립 또는 사립학교의 시험문제가 공공데이터법상의 공공데이터, 정보법상의 공공정보에 해당되거나, 해당될 수 있지만, 이러한 법률의 시각에서 접근하는 것에 대해서는 기본적으로 반대한다. 시험문제 역시 하나의 저작물이기 때문에 저작권법이 우선하여 적용되어야 한다는 점을 부연하고 싶다.

NFT저작물과
현행 저작권제도와의 정합성

1. 원본과 복제물

저작권법 또는 저작권제도의 역사를 간략히 언급하자면 복제법의 역사라고도 말하더라도 크게 틀리지 않는다. 저작권의 기원은 복제권이라고 말할 수 있다. 복제권의 대상은 복제물이며, 복제물의 대구(對句)되는 개념은 원본(Original, original work)[60]이라고 말할 수 있다. 지금 저작권법의 관점에서 바라보면 추상적 권리대상으로서의 저작물을 담고 있는 매개체를 나타내는 용어 중에서 가장 중요한 용어가 원본이라는 개념이라고 생각된다. 특히, 일품저작물이라고 말할 수 있는 미술저작물이나 건축저작물, 사진저작물의 경우에는 특히 그러하다고 말할 수 있다.[61]

이하에서는 원본과 복제물과 관련된 저작권법에 규정되어 있는 권리와 제도 등에 대해서 간략히 언급하고자 한다.

2. 저작권법에서 원본과 복제물의 의미

원본의 개념은 우리나라의 문헌[62]에 의하면, "저작자가 자신의 사상이나 감정을 표현하여 직접 제작한 유형물"이라고 하거나, "저작자의 사상 또는 감정을 창작적으로 표현한 저작물이 화체되어 있는 유체물로서 복제물이 아닌 것"이라고 표현[63]하기도 한다.

독일 문헌[64]에서는 원본을 저작자가 직접적으로 처음으로 창작물을 제작한 저작물본(Werkstück)이라고 한다. 창작한 과정이나 기술 과정은 중요하지 않다. 원본의 예로는 손으로 쓰거나 타자를 친 원고, 작곡자가 쓴 총보(full score), 스케치, 연극대본의 확정, 조각, 회화 등이 전형적이라고 말할 수 있다.

저작물본으로 가공된 음반도 역시 원본이라고 본다. 그리고 최종 저작물을 작성하기 위한 초안 역시 원본으로 본다. 독일 문헌에서는 필름 네거티브와 사진 네거티브도 원본으로 본다. 그리고 저작물의 유형은 중요하지 않다.

그리고 창작과정을 통해서 복수의 원본이 나올 수 있다. 예를 들어 판화나 거푸집을 통해서 여러 개의 작품이 나올 경우에도 모두 원본으로 본다.[65] 그리고 원본은 진품 또는 유일품(Unikum)만을 의미하는 것은 아니고 저자에 의해서 번호가 붙여지거나 서명이 된 것은 원본이라고 말할 수 있다.[66]

우리나라나 독일의 저작물 개념은 어떠한 유체물에 고정되어 유체화되는 것을 요건으로 하지 않기 때문에, 최초로 저작물에 고정이 이루어지는 순간 이미 복제되었다는 표지를 제시할 수 있기 때문에, 복제가 시작되는 순간 원본의 개념은 종료된다. 예를 들어 강의가 녹음되거나 저작물 공연이 음반에 녹화되는 순간이다. 동판을 최초로 인쇄한 것은 특별한 가치가 있음에도 불구하고 원본은 아니라고 본다. 독자적인 창작적인 형성이 없는 복제물은 비록 수작업으로 하였다고 하더라도 복제물이다. 그리고 영화필름은 관습적으로 복제물에 해당된다.[67]

또 다른 의견은 원본을 전체적으로 저작자 자신에 의하거나 또는 저작자의 동의를 받은 후에 제작된 저작물본을 의미한다고 하고 있다.[68]

원본은 법률적으로 소유권의 대상인 소유물로서의 성격을 가지고 있고, 민사집행의 대상이 된다는 점에서 저작권의 대상이 되는 저작물과 소유권의 대상이 되는 원본을 구별할 실익이 있다.

그리고 복제물의 개념은 우리 저작권법 제2조 제22호에 규정되어 있는 것과 같이, "복제"는 인쇄·사진촬영·복사·녹음·녹화 그 밖의 방법으로 일시적 또는 영구적으로 유형물에 고정하거나 다시 제작하는 것을 말하며, 건축물의 경우에는 그 건축을 위한 모형 또는 설계도서에 따라 이를 시공하는 것을 포함한다고 하고 있으므로, 복제물은 원본을 인쇄·사진촬영·복사·녹음·녹화 그 밖의 방법으로 일시적 또는 영구적으로 유형물에 고정하거나 다시 제작한 것이라고 말할 수 있다.[69] 복제물의 특징적 요소는 유형물에 고정 또는 다시 제작한 것, 우리 판결문[70]에 표기된 것은 재제(再製)[71]에 해당

된다.[72]

원본과 복제물의 의미 속에는 유형물로 존재하여야 한다는 점을 알 수 있다. 즉, 오감으로 느낄 수 있는 형태로 존재하고 있어야 한다는 점이다.

원본과 복제물을 구별하는 기준으로서 중요한 것은 서명이다. 서명은 저작자의 손으로 직접한 것을 의미한다. 다른 말로 표현하면 저작자가 자신의 손으로 행한 서명이 원작이라는 특성을 특정하는 표지라고 말할 수 있다.[73]

우리나라에서는 그 동안 서명보다는 낙관 등을 통해서 저자를 특정하여 왔다. 낙관이나 서명은 문화의 차이에서 오는 표기 방법이지 법률적으로 그 효과에서 차이가 있는 것은 아니다. 그리고 원본의 표지는 저작자가 창작적인 형성을 하였는지가 결정적이라고 말할 수 있다. 그리고 보조자가 단순히 기술적인 도움을 주는 것에 지나지 않는 경우에도 원본에 해당된다.[74]

3. NFT의 저작권제도와의 정합성

기존 저작권법 질서 내에서 원본과 복제물의 개념은 대단히 중요하다고 말할 수 있다. 원본만을 대상으로 하는 권리도 존재하고, 복제물만을 대상으로 하는 권리도 있다. 저작권법은 우리 헌법 아래에 있는 재산권법 체계에 따른 것이기 때문에 재산권법정주의 또는 물권법정주의라는 법체계상의 기본을 따라야 한다. 즉 원본과 복제물이라는 개념 역시 저작권법상에서 권리의 대상이기 때문에 기존의 개념을 수정하여야 할지 아니면 법개정을 통한 권리대상을 새롭게 정의하여야 할 지가 고민의 대상이 된다.

예를 들면, 미술저작물을 NFT화 하였다고 할 때에 실물로 존재하는 미술저작물이 존재하고 토큰과 연결된 고유값이 디지털 파일로 존재하게 되고 이를 링크로 연결되는 것이다. 이 디지털 파일을 100개도 만들 수 있다. 다만 100개 모두 각각 고유값이 있기 때문에 기존의 복제물과 다른 점이 있다.

앞서 예를 든 NFT화된 미술저작물을 현행법에 따라 평가를 하면 전형적인 복제물에 해당된다. 비록 고유값이 있다고 하더라도 원본이라고 말할 수 없다. 또한, 위조나 변조, 삭제 등을 할 수 없는 것이라고 하더라도 앞서 예를 들은 100개를 원본이라고 말할 수 없다.

예를 든 100개는 디지털 파일로 존재하는 복제물에 해당되는데, 이는 우리 저작권법이 예정한 유형물인 복제물은 아니고 무형의 형태인 파일형식의 복제물에 해당되고, 전송권과 공중송신권의 대상이 된다. 복제물인 것은 분명한데 거래 현장에서는 이를 원본이라고 말하기도 한다. 이는 앞서 언급한 고유성과 위조가 불가능하다는 점에서 연유한 것으로 보인다.

그렇다면 시대가 흐르고 기술의 발전에 따라 원본이라는 개념을 수정할 수 있는 가능성이 있는지 여부에 대해서 논의를 해 볼 필요가 있다. 즉 전자화된 저작물을 원본개념에 포섭할 수 있는지 여부가 문제가 된다. 만약 디지털화된 저작물에 대해서 원본 개념을 인정한다면 이것을 무엇이라고 하여야 할지가 문제가 된다.

미주

1 인공지능을 소유한다는 표현은 우리나라 법체계에 비추어 보면 성립되지 않
는 말이다. 소유한다는 의미는 엄밀히 이야기하면 인공지능 자체에 대한 권
리를 양도받은 사람을 말한다.

2 서울고등법원 1991. 9. 5. 선고 91라79 판결.

3 대법원 2017. 11. 9 선고 2014다49180 판결.

4 서울중앙지방법원 2007. 1. 17. 선고 2005가합65093,2006가합 54557
판결.

5 Volker Rieble, Erscheinungsformen des Plagiats, in Plagiate
(herausgegeben von Thomas Dreier und Ansgar Ohly), Mohr
Siebeck, 2013, S. 31.

6 서울고등법원 1995. 6. 22. 선고, 94나8954 판결.

7 서울남부지방법원 2016. 6. 3. 선고 2016고정615 판결.

8 서울남부지방법원 2017. 4. 13. 선고 2016노1019 판결.

9 대법원 2020. 6. 25. 선고 2017도5797 판결.

10 대법원 2020. 6. 25. 선고 2018도13696 판결.

11 서울중앙지방법원 2012. 3. 20. 선고 2011가합49085 판결; 서울고등법원
2012. 11. 29. 선고 2012나31842 판결; 대법원 2015. 8. 27. 선고 2012다
204587 판결.

12 이 사례에 나타난 부산시의 문화행정과 문화인식과 관련하여 비판적 견
해를 기고문으로 밝혔다. 계승균, "꽃의 내부사례와 문화인식", 부산일보
2018. 1. 31.자 기고문 참조. http://www.busan.com/view/busan/view.
php?code=20180131000308.

13 대법원 2009. 1. 30. 선고 2008도29 판결.

14 大阪地決平成 25年9月6日 平成25年(ヨ)第20003号.

15 형법 제347조(사기) ①사람을 기망하여 재물의 교부를 받거나 재산상의 이
익을 취득한 자는 10년 이하의 징역 또는 2천만 원 이하의 벌금에 처한다.

16   서울중앙지방법원 2017. 10. 18. 선고 2016고단5112 판결.

17   서울중앙지방법원 2018. 8. 17. 선고 2017노3965 판결.

18   형사소송법 제325조(무죄의 판결) 피고사건이 범죄로 되지 아니하거나 범죄
      사실의 증명이 없는 때에는 판결로써 무죄를 선고하여야 한다.

19   대법원 2020. 6. 25. 선고 2018도13696 판결.

20   불고불리원칙(不告不理原則)은 법원은 검사가 공소를 제기하지 않는 한 피
      고사건을 심판할 수 없다는 원칙이다. 즉 검사가 공소를 제기한 사건만을 심
      판할 수 있다는 원칙이다. 심판 대상은 공소장에 기재된 피고인과 공소사실
      에 한정된다.

21   Bleistein v. Donaldson Lithographing Co. 88 U.S. 239 (1903).

22   BGHZ I ZR 104/17.

23   LG Stuttgart, Entscheidung vom 27. 09. 2016 – 17 O 690/15.

24   OLG Stuttgart, Entscheidung vom 31. 05. 2017 – 4 U 204/16.

25   대법원 2020. 3. 26.자 2019마6525 결정.

26   가처분신청사건에서 신청을 한 사람을 채권자라고 한다. 이는 채권·채무관
      계에서 채권자와는 다른 의미이다. 마찬가지로 상대방을 채무자라고 한다.

27   서울남부지방법원 2018. 11. 30.자 2018카합20578 결정.

28   서울남부지방법원 2019. 5. 2.자 2019카합20050 결정.

29   서울고등법원 2019. 9. 18.자 2019라20535 결정.

30   대법원 2020. 3. 26.자 2019마6525 결정.

31   이러한 사건에 대한 판단을 '판결'이라고 하지 않고 '결정'이라고 한다.

32   카. 그 밖에 타인의 상당한 투자나 노력으로 만들어진 성과 등을 공정한 상
      거래 관행이나 경쟁질서에 반하는 방법으로 자신의 영업을 위하여 무단으
      로 사용함으로써 타인의 경제적 이익을 침해하는 행위. 지금은 파목으로 조
      문 위치가 변경되었다.

33   한배선, "국내 미술시장, 5500억 규모로 컸다.", 매일경제, 2007. 7. 20.

34   BGHZ, 17, 266, 278 참조.

35   Article 14.

ter

["Droit de suite" in Works of Art and Manuscripts:

1. Right to an interest in resales; 2. Applicable law; 3. Procedure]

(1) The author, or after his death the persons or institutions authorized by national legislation, shall, with respect to original works of art and original manuscripts of writers and composers, enjoy the inalienable right to an interest in any sale of the work subsequent to the first transfer by the author of the work.

(2) The protection provided by the preceding paragraph may be claimed in a country of the Union only if legislation in the country to which the author belongs so permits, and to the extent permitted by the country where this protection is claimed.

(3) The procedure for collection and the amounts shall be matters for determination by national legislation.

36 Marcel Schulze, Entwurf eines Gesetzes über Urheberrecht und verwandte Schutzrechte (Urheberrechtsgesetz) der Bundesregierung vom 23. März 1962 (BT-Drucksache IV/270), in Materialien zum Urheberrechtsgesetz 2. Aufl., Wieley-VCH-Rechtstexte, 1997, S. 450 f. 이하에서는 BT-Drucksache IV/270으로 인용합니다.

37 Gerhard Leinveber, "Die wichtigsten Neuerungen der deutschen Urheberrechtsreform - Zur Neuregelungen des Schutzes des geistigen Eigentums", GRUR 1966, S. 132, 134.

38 a.a.O., S. 451.

39 안경환, "미술저작물 저작자의 추급권", 「계간 저작권(제4호)」 1988 겨울호, 31면.

40 a.a.O., S. 452.

41 서울북부지방법원 2019. 8. 22. 선고 2018고정1220 판결.

42 서울북부지방법원 2020. 9. 15. 선고 2019노1531 판결.

43 헌법 "제21조 ④언론·출판은 타인의 명예나 권리 또는 공중도덕이나 사회

윤리를 침해하여서는 아니된다. 언론·출판이 타인의 명예나 권리를 침해한 때에는 피해자는 이에 대한 피해의 배상을 청구할 수 있다."라고 규정하고 있다.

44 지식재산권법에도 이와 유사한 형태의 규정을 두고 있다. 예를 들어 특허법 제32조에서 특허를 받을 수 없는 발명이라는 표제로 "공공의 질서 또는 선량한 풍속에 어긋나거나 공중의 위생을 해칠 우려가 있는 발명에 대해서는 제29조 제1항에도 불구하고 특허를 받을 수 없다."라고 규정하고 있고, 상표법 제7조 제4호, 실용신안법 제6조 제2호, 디자인보호법 제34조 제2호에도 이와 유사한 규정을 두고 있다.

45 대법원 2015.2.12, 선고, 2014도11501,2014전도197, 판결.

46 대법원 2014.07.24. 선고 2013도9228 판결; 대법원 2003. 5. 16. 선고 2003도988 판결.

47 대법원 2014.06.12. 선고 2013도6345 판결; 대법원 2014.5.29. 선고 2013도15643 판결;대법원 2012.10.25. 선고 2011도16580 판결.

48 대법원 2000. 10. 27. 선고 98도679 판결 – 내게 거짓말을 해봐.

49 대법원 1995. 6. 16. 선고 94도1758 판결 – 미야자와 리에; 대법원 2002. 8. 23. 선고 2002도2889 판결.

50 대법원 2013.11.14. 선고 2011두11266 판결 – 친구사이?.

51 헌법재판소 2008.7.31. 선고 2007헌가4 전원재판부【영화진흥법제21조제3항제5호등위헌제청】결정과 헌법재판소 2008.10.30. 선고 2004헌가18 전원재판부【구음반·비디오물및게임물에관한법률제20조제4항위헌제청】결정도 참조.

52 이와 관련하여 문화체육관광부의 「공공저작물 저작권 관리 및 이용 지침」을 참고.

53 개인적으로는 이러한 내용의 계약규정을 저작권신탁단체의 계약서에도 구체적 요건과 함께 규정하면 굳이 저작권법의 개정을 통한 일반적인 형태의 규범의 창설을 하지 않아도 된다고 생각한다. '저작물이용료변경청구권'의 취지에는 충분히 동감하나, 예외적인 사항이 너무 두드러지게 나타나는 것 같아서 법적 안정성에 다소 위협이 되지 않을까 하는 우려가 있기 때문이다.

54 국가자격시험의 경우 시험출제위원으로부터 대부분 시험문제에 관한 저작

권을 출제기관에 양도 또는 이용허락을 한다는 저작권과 관련된 서약서를 받고 있다.

55 대법원 1997. 11. 25. 선고 97도2227 판결.

56 서울지법 1997. 8. 12., 선고, 97노50, 판결(상고기각).

57 계승균, 중·고등학교시험문제와 저작권, 재산법연구(제24권 제1호), 2007, 1면; 서울중앙지방법원 2006. 10. 18. 선고, 2005가합73377 판결 - 족보닷컴 사건; 서울고등법원 2007. 12. 12. 선고 , 2006나110270 판결; 대법원 2008. 4. 10.자 2008다5004 결정.

58 대학교육에서 시험문제는 우리 헌법이 정한 대학의 자치와 연관성을 가지고 있고, 학문의 자유와 관련하여 주로 논의가 많이 이루어지고 있기 때문에 논의의 대상에서 생략하기로 한다.

59 중고등학교의 시험문제는 업무상저작물로서 저작인격권까지 취득하였기 때문에 오히려 공공저작물로서의 성격이 더 강하고, 저작인격권을 의식하지 않고 일반적으로 자유롭게 이용할 수 있다는 점에서 법이 예정한 공공저작물보다 더 이용하기에 편한 측면이 있다고 생각된다.

60 홍승기, 「방송작가의 권리」, (한국방송작가협회, 2020), 86-87면에서 원본, 원안, 2차적저작물을 구분하여 설명하고 있다.

61 2차적저작물과 관련된 표현으로서는 원저작물이라는 표현이 적절하다고 생각된다. 송영식·이상정, 「저작권법개설(6판)」, (세창출판사, 2010), 95면; 한승헌, 「저작권의 법제와 실무」, (삼민사, 1988), 296-297면.

62 이해완, 「저작권법(제3판)」, (박영사, 2015), 684면.

63 박성호, 「저작권법(제2판)」, (박영사, 2017), 611면.

64 BeckOK UrhR/Rudolph, 33. Ed. 15. 1. 2022, UrhG § 114 Rn. 6.

65 BeckOK UrhR/Rudolph, a.a.O., Rn. 8.

66 Dreier/Schulze/Schulze, Urheberrrecht, 7. Aufl. 2022, UrhG § 26 Rn. 10.

67 BeckOK UrhR/Rudolph, a.a.O., Rn. 7.

68 Wandtke/Bullinger/Kefferpütz, Urheberrecht, 5. Aufl. 2019, UrhG § 114 Rn. 3.

69 田村善之, 「著作權法槪說(第2版)」, (有斐閣, 2006), 117頁.

70 대법원 1989. 10. 24. 선고 89다카12824 판결.

71 박성호, 앞의 책, 319-320면.

72 장인숙, 「저작권법개설(복각)」, (한국저작권위원회, 2020), 56면. 복제물은 원 작물을 유형적으로 재생한 것을 의미한다고 기술하고 있다.

73 Wandtke/Bullinger/Bullinger, a.a.O., § 26 Rn. 9.

74 a.a.O., § 26 Rn. 7.

지은이 **계승균**

저자는 부산대학교 법과대학, 대학원에서 수학하고 뮌헨대학교 법과대학에서 LL. M, 부산대학교 대학원에서 법학박사 학위를 취득하였다. 1990년에 제9회 군법무관임용시험에 합격하고 2006년 9월에 영산대학교 법과대학에 임용되고, 2007년 8월 31일부터 부산대학교 법과대학, 법학전문대학원에서 근무하였다. 2023년 1월 1일부터는 부산대학교 대학원 융합학부 교수로 근무하고 있다.

독일의 뮌헨에 있는 막스플랑크연구소에서 연구원과 일본 홋카이도대학 및 히토츠바시대학에서 외국인객원연구원으로 연구하였다.

지식재산권과 공공계약에 관심을 가지고 있고, 관련 분야에 대한 논문과 저서가 있다. 특히 창작자의 권리, 문화와 예술, 인공지능과 관련된 지식재산권을 중심으로 한 문제에 관심이 많다.

- 인간과 인공지능 그리고 규범
  (2022년 부산대학교 출판원)

- 인공지능과 지식재산권
  (2020년 한국지식재산연구원 발간)

- 공공계약법의 기초이론
  (2021년 박영사)

- 저작권과 소유권
  (2015년 부산대학교 출판부) 등이 있다.

이 책의 내용은 책 제목에서 암시하고 있다시피 독자가 법학을 모른다고 가정하고 내용을 작성한 것이다. 가능하면 표현을 구어체로 쉽게 작성하려고 노력하였다. 그리고 저작권과 관련된 법이론보다는 실제 사례를 중심으로 구성하였고, 이 책을 다 읽고 나면 저작권과 관련된 내용을 어느 정도 파악할 수 있도록 하였다. 창작자나 창작과 관련된 일에 종사하고자 하는 사람들의 권리의식에 관한 글도 있다. 이 책이 조금이나마 창작자와 창작에 종사하고자 하는 분들을 위한 글이었으면 한다. 그리고 창작과 관련된 영역뿐만 아니라 교육, 문화, 방송 등의 분야에서도 저작권을 지키는 우리 사회가 되기를 기대하고, 창작행위가 존중받고 창작자에게 정당한 대가가 주어지는 사회가 되기를 희망한다.

재미있는 저작권 이야기

초판 1쇄 인쇄 2023년 8월 7일
초판 1쇄 발행 2023년 8월 17일

지은이　계승균
펴낸이　김재광
펴낸곳　솔과학
편 집　다락방
영 업　최회선
디자인　miro1970@hotmail.com
등 록　제02-140호 1997년 9월 22일
주 소　서울특별시 마포구 독막로 295번지 302호(염리동 삼부골든타워)
전 화　02)714-8655
팩 스　02)711-4656
E-mail solkwahak@hanmail.net

ISBN 979-11-92404-53-0 03360